系统运营官

大系统、大运营与大管理

李青东◎著

中国财富出版社

图书在版编目（CIP）数据

系统运营官：大系统、大运营与大管理／李青东著 . —北京：
中国财富出版社，2015.7
ISBN 978－7－5047－5787－6

Ⅰ.①系…　Ⅱ.①李…　Ⅲ.①企业管理—运营管理　Ⅳ.①F273

中国版本图书馆 CIP 数据核字（2015）第 157721 号

| 策划编辑 | 黄　华 | 责任编辑 | 邢有涛　单元花 | | |
| 责任印制 | 方朋远 | 责任校对 | 梁　凡 | 责任发行 | 邢有涛 |

出版发行	中国财富出版社		
社　　址	北京市丰台区南四环西路 188 号 5 区 20 楼	邮政编码	100070
电　　话	010－52227568（发行部）	010－52227588 转 307（总编室）	
	010－68589540（读者服务部）	010－52227588 转 305（质检部）	
网　　址	http://www.cfpress.com.cn		
经　　销	新华书店		
印　　刷	北京京都六环印刷厂		
书　　号	ISBN 978－7－5047－5787－6/B・0450		
开　　本	710mm×1000mm　1/16	版　　次	2015 年 7 月第 1 版
印　　张	13	印　　次	2015 年 7 月第 1 次印刷
字　　数	200 千字	定　　价	35.00 元

前　言

在我十年的管理咨询生涯中，通过两千多家企业的成长历程，我看到中国的民营企业经过高速的发展，已经从创业期过渡到了成长期。创业期依靠能人赚钱，而成长期则需要依靠"系统"获得持续发展。

更为重要的是，过去依靠老板个人魅力，通过"情感＋忠义"的方式让企业获得第一桶金，度过了企业的生存阶段，再发展就需要从过去"情感＋忠义"的管理转向"制度＋文化"。但凡成功的企业都具备三个核心要素：第一，好的商业模式与产品；第二，企业家精神；第三，核心团队操盘能力。而绝大多数的成长型企业，有了好的产品与商业模式，老板在过去的创业过程当中也历练了自己的人格。当前，中国的民营企业家急需打造一批人，用一批人再去影响另一批人。

2014 年 4 月，创成咨询研发推出了"系统运营官"这一课程，主要的目的是帮助成长型民营企业打造一批激活企业运营系统的核心团队。未来企业与企业的竞争，已经不单单是商业模式与产品的竞争，同时也是企业核心团队与核心团队的较量。系统运营官主要是为了培养管理团队的五大战略思考能力。

- 凭什么凝聚人心：领导力。

- 凭什么统一思想：文化力。

- 凭什么激活人才：机制力。

- 凭什么执行战略：管控力。

• 凭什么复制扩张：系统力。

在本书中，我将把创成咨询品牌课程——"系统运营官"当中的一部分知识点与大家分享，希望对中国的成长型民营企业有所帮助。

作者

2015 年 3 月

目录
CONTENTS

阶段篇
经营企业就是经营结果

能力篇
系统运营官需要具备五大战略思考能力

执行篇

5K 管理系统的三个入口

阶段篇
经营企业就是经营结果

第一章
创业期的企业管理

　　创业期的企业的管理是看得见的，比如，公司最初创业的时候只有 10 个人，这个人每天都在做什么、做出了什么结果，有没有迟到、有没有早退、有没有旷工……所有的信息领导者都知道，甚至员工的家人生病之后，领导还要去医院看望；员工结婚了，领导要去参加婚礼。

看得见的管理：盯人

在正式讲解这个题目之前，我们先做一个测试。

　　围操场跑一圈，你感觉怎么样？稍微有一点喘。如果背一个人跑呢？还行。如果再背一个人跑呢？可能还能动。如果背三个人跑，可能就直接趴下了。

由此可见，一个人的能量是有限的。如今，很多公司的领导人为什么感到很累？那是因为心中的包袱太多了，结果工作起来非常辛苦、非常累。

为什么过去的火车没有现在的动车跑得快？因为过去的火车全靠车头带，怎么提速？现在为什么动车跑得快？因为每一节车厢都有一个动力系统。换句话说，企业在创业期，什么事都是老板自己带头，事必躬亲。现实中，我们可能会见到这样一些场景。

场景一：

在企业的大门口，公司负责人正在与收废纸的大妈讨价还价，目的仅仅是多卖几毛报纸钱。同时，一大堆极为紧迫的报告正在等着他批复。

场景二：

在一家企业，总经理跨过中高层管理者，正忙着安排销售部、市场部、人力资源部以及生产车间基层工人的工作。而另一边，一个重要的商务谈判正在等着他。

场景三：

某个项目小组的负责人事无巨细地从早忙到晚，而他的下属有的在喝茶、看报、聊天；有的正因为找不到信任、锻炼和发展的机会，而在思考如何撰写辞职报告。

这些场景意味着什么呢？实际上都指向了同一个问题——许多企业在创业过程中，在评价管理者忠诚与负责态度上被赋予了过于积极意义的亲力亲为，已经不再适用于企业进一步的长远发展，而成了一种影响经营与管理绩效的企业惯性病。

创业期的企业的管理是看得见的，比如，公司最初创业的时候只有10个人，这个人每天都在做什么、做出了什么结果，有没有迟到、有没有早退、有没有旷工……所有的信息领导者都知道，甚至员工的家人生病之后，领导还要去医院看望；员工结婚了，领导要去参加婚礼，这就叫看得见的管理。

一般创业型公司都是从只有几个人的小团队发展起来的，虽然团队人数不多，但很多员工每天都会像打了鸡血一样的兴奋。那么，他们是怎么对待自己的员工的呢？

1. 把员工当亲兄弟姐妹

尊重不只是上下属关系之间的形式，更体现在企业员工之间发自内心的真诚的爱戴中。那些成功的企业在创业初期，领导一般都没有官架子，懂得聚拢人心，员工流动性不大。他们能够与员工打成一片，就像家人一样，无话不说，互相关心、互相尊重、互相鼓励、互相批评与自我批评，不仅人心团结，而且工作效率高，这就保证了公司朝着目标越来越近。

2. 鼓励员工参与每一件事

很多创业型公司，开会的时候并不会走形式，而是让员工从每一次的会议中获取最新阻碍发展的问题和最佳解决方案。创业公司不是一个人的公司，是关系所有员工命运的事业，因此每次的会议都是不分级别的，都会鼓励员工参与进来，各抒己见，畅所欲言；即使领导和员工之间存在一些矛盾、误解或者分歧，也会在桌面上摊开及时解决。

创业初期的领导者一般都鼓励员工大胆创新和说出自己的想法，只要是有利于公司发展和市场拓展的好建议，领导都会虚心接受、及时实践，而不会一味地否定员工的建议。

3. 鼓励次数大于指责次数

每个人都喜欢别人赞美自己、肯定自己，没有人会愿意听你无休止的指责和批评，初创企业一般都会非常在意这一点。领导一般都会注意引导自己的员工意识到自己的错误并敢于承担、及时纠正，他们不会指着员工的鼻子大发雷霆，指责员工怎么如此笨拙，如此不堪重用，因此员工都对自己充满了自信，愿意留在公司。

4. 理解和善待员工亲属

每一个人都不是圣人，员工也是如此。员工是企业的一分子，同时也是自己家庭的一名成员，很多创业期的领导在爱戴员工的同时还会理解和善待员工的亲属。如果员工的家里有事，需要请假，公司都会根据情况安排假期让其照顾家人，而不是纠结在请假影响工作进程等事宜上。这份关爱的影响力大于对自己员工的关心，因此员工都对公司充满了感激，工作积极性也很高。

5. 组织外出聚餐和旅游行动

每天无休止的工作，虽然能给公司创造更多的价值，但是员工的身心也很疲惫，优秀的团队在创业初期都会根据情况阶段性地策划一些团队外出聚餐、旅游、野外拉练等活动，给员工一些额外福利。每一次的聚餐和

外出旅游，都有力地加强了团队之间的凝聚力，随着此类活动的逐渐增多，员工对于事业的付出就会更加有激情。

6. 奖励机制大于惩罚机制

创业初期，即使公司再怎么缺钱，有些公司也不会把惩罚机制当作是节省开支的渠道，因此员工都愿意留在公司工作，愿意付出。只有奖励明确，奖励制度完善，员工的干劲才会积极。哪一个拼命工作的人不是为了赚钱养家，奖励机制对于长期留住员工是一个很有效的办法。

7. 按时发放月工资和应得奖金

无论公司多么艰难，月工资都应该按时发放给员工，即使资金实在流转不过来，也得提前给员工打个招呼并承诺发放时间，而不是一味地推脱，还逼迫员工卖命为公司赚钱。如果这样，公司离关门大吉就不远了。另外，为了鼓励员工，一些企业还对一些优秀的员工给予奖金奖励，这样员工自然会付出百倍的努力为公司赚取更多的利润。

……

在这些管理模式下，工作效率是非常高的。但是随着企业变得越来越大，企业慢慢从创业期进入了成长期，管理就从看得见的形式转变为看不见的形式。

小提示

创业期的企业的管理是看得见的，比如，公司最初创业的时候只有10个人，这个人每天都在做什么、有没有迟到、有没有早退、有没有旷工、有没有生病、他的家人是不是生病了……甚至员工的家人生病之后，领导还要去看望。

管理方式：情感＋忠义

创业期的企业的管理是看得见的，就要去盯人，这个时候的管理方式是什么呢？"情感＋忠义"，我对员工有情，员工对我有义，这时候即便是企业付的薪水少一点，员工也愿意留下来，因为企业对员工付出了爱。所以，今天在企业，要么就给钱，要么就给爱。我们付出了爱，员工即便是所获薪水少一点，他们也愿意死心塌地地在公司工作。

曾经有这样一个小故事：

有一把坚实的大锁挂在铁门上，一根铁杆费了九牛二虎之力，还是无法将它撬开。钥匙来了，只见它瘦小的身子钻进锁孔，只轻轻一转，大锁就"啪"的一声打开了。

铁杆奇怪地问："为什么我费了那么大力气也打不开，而你却轻而易举地就把它打开了呢？"钥匙说："因为我最了解它的心。"

现在，很多创业型企业都存在这样的问题：人员流动过快，员工与企业间的矛盾日益加深。决策者们也花了很大力气来解决这个问题，但是似乎一直都有一把无法打开的大锁横在中间。究其原因就是没有做到对症下药，没能去了解他的"心"。

那么，是什么原因造成企业员工内部满意度较低？是什么因素让员工对企业没有责任感、忠诚度、安全感和归属感呢？

1. 不重视员工

现在我国劳动力市场是"供大于求"，有些企业决策者们误认为随时都可以找到所需的人才，于是对员工的重视不够，没有建立一个平等的关系，视其为可有可无的人。管理者一般都不和员工沟通，不给员工表达自己想法的机会。员工对企业没有信心，缺少工作热情，所以在条件可能的情况下，员工就会义无反顾地选择离开。

2. 领导者独断专行

无论是在薪资制定还是人员任用上，都由领导或经理一人说了算，对员工的评价过于主观，竞争体系不公平、不公正，很多员工都会产生怀才不遇的感觉。这样，就在很大程度上打消了员工的积极性，必然会导致工作效率低下。

从上述问题中我们可以看出，问题存在的根源就是一个观念的问题。

想真正解决这些问题，首先就要转变观念。如果你将其看作成本，你就会千方百计地降低它，争取做到投入最小化；看作资源，你就会更好地去开发、利用它，从而创造最大的价值；看作财富，你才会尽你所能地创造它，并拥有它。只有改变自己的观念，才能找回你想要的员工的责任感和忠诚度。

不可否认，薪酬激励是企业留住人才、提高员工满意度必不可少的，但却不是唯一的方法。如何在实行薪酬激励的过程中恰当地使用非薪酬机制，是很多初创型企业管理者非常关心的问题。

非薪酬激励机制的表现形式有很多种，但归纳起来可分为以下几种，如下表所示。

非薪酬激励机制的表现形式

种 类	说 明
情感式	在沟通过程中，领导者会了解员工的实际情况，帮助员工解决一些生活中、学习中或者工作中的困难，并将影响面逐渐扩大。这样不但取得了员工的信任，改善了员工内部满意度，同时也提高了员工的凝聚力
肯定式	领导者会留意员工的工作情况，并在公共场合对员工的成绩或者贡献表示肯定或者表扬，不但帮助员工在其同事间树立了威信，同时也会在组织内部形成一种竞争氛围
授权式	充分挖掘员工的潜力，根据员工的能力，合理地分配工作，让员工可以参与到公司的不同层次决策工作，不但满足了员工的管理愿望，也会让员工找到归属感

无论是哪一种方式都应因人而异，而不管是怎样做都可以在同一组织内，让员工的需要可以得到最大限度的满足。

无论是创业期间还是创业成功，无论是自己的员工还是普通朋友，这些企业的领导都会和员工以诚相待，真正关心员工、爱护员工，把员工当成自己的兄弟姐妹。因此，员工根本就不用管，都会用心做事。只要是真心相待，即使工资低一些员工也不会有什么怨言。

小提示

　　"情感＋忠义"，我对员工有情，员工对我有义，这时候即便是我们付的薪水少一点，员工也愿意留下来，因为我们对他付出了爱。所以，今天在企业，要么就给钱，要么就给爱。我们付出了爱，员工即便是薪水少一点，他们也愿意死心塌地地在公司工作。

第二章
成长期的企业管理

在创业阶段，管理者只能去盯人，因为人能够盯过来。但是，随着受管理人员的增多，我们就不能盯人了，而是得盯事。所以，未来企业的转变就是从盯人变成盯事。

看不见的管理：盯事

在创业阶段，是人盯人，每个人做什么事，管理者统统知道。但是随着公司规模逐渐扩大，员工人数从 10 人变成了 20 人，变成了 30 人、40 人甚至 100 人，一家公司变成了 3 家、5 家、10 家，这时就会发现，管理已从看得见的管理变成了看不见的管理。

新加坡的企业管理做得非常好。在全亚洲，人均 GDP（国内生产总值）可以说都是排在前三名。那么，新加坡的企业为什么管理得这么好？跟新加坡的文化是有关系的！

新加坡是不太排外的，哪个地方的文化只要能被他们吸纳的，他们全都在本国实施。而且，新加坡的治安非常好，晚上 12 点很多女孩都会自由外出。新加坡的制度非常严厉，有一种最厉害的刑罚叫"鞭刑"，如果在新加坡有人犯了强奸罪，就要被实行鞭刑。不要说强奸，连非礼都要被实行鞭刑。新加坡的鞭刑，最低是 4 鞭，最高是 24 鞭。执行鞭刑的人也是比较厉害的，他们一般都身高一米八；要去鞭刑别人之前，先要训练两年，专门拿假人来抽鞭，鞭刑要求一鞭子打下去就皮开肉绽。所以，一般被鞭刑的人，会被打得血肉模糊。被鞭之后的两三个月内，估计是绝对能趴不能坐，而且身上会留下一辈子消不掉的疤痕。

新加坡的法律为什么这么健全？因为新加坡的法律是李光耀制定的。我看过他的一本回忆录，我觉得李光耀很有能力。他的太太也不逊色，在全新加坡律师当中排名第一，所以，他把法制建立得非常完善。

曾经有一个美国人，在新加坡就犯了一件事。按照新加坡当地的法律规定，他要被实行鞭刑。要被鞭多少鞭呢？8鞭。当时的美国总统克林顿就跟李光耀来求情。可是，李光耀没有答应。

公司为什么订立规章制度，可是却一直搞不起来？因为没有从情感转向制度。美国总统都求情了，是不是应该免了呢？但李光耀却没有。因为这个制度一旦给美国人免了，就表示下一次还会给别人免。从此，新加坡的法律就变得非常有威慑力。

小提示

在创业阶段，是人盯人，每个人做什么事，管理者统统知道。但是随着公司规模逐渐扩大，员工人数从10人变成了20人，变成了30人、40人甚至100人，一家公司变成了3家、5家、10家，这时就会发现，管理已从看得见的管理变成了看不见的管理。

管理方式：制度＋文化

很多公司在规模小的时候，靠的是情感跟忠义，是"情感＋忠义"的管理。因为公司比较小，通常制定一项制度后，即使是员工犯了，想到这个人跟了你好多年、跟你的感情非常好或者这个人有可能是公司的财务总

监或财务经理，掌握着公司很多重要机密，碍于情面，这个事情就不了了之，如此公司的制度就没有威慑力了。

未来的企业管理，一定要从"情感＋忠义"的管理，转向"制度＋文化"。这个转变的过程非常重要。

在创业期，靠的是什么？是能人的管理方式。而我们要从创业期过渡到成长期，要从能人过渡到系统。什么是"能人?"什么是"系统"？比如，马路上有交警，交警就是"能人"。交警不可能一天工作24小时。而我们看到的红绿灯，就是系统，所以未来企业的管理方式，要从能人的管理方式转变为用系统去管理，这一步是非常重要的。

学习运营官的目的，就是从能人的经营方式转变为系统的经营方式，从个人英雄转向团队运作，从老板个人打拼转向抱团打拼。过去是老板向前冲，现在是老板慢慢退到后面，团队要冲到前面；过去全靠车头带，现在变成每一节车厢都有一个动力系统。

随着企业规模变大，到了成长期，员工变多了，管理是看不见的，不可能每个人都给他爱，这时候的管理方式就不是"情感＋忠义"，而是变为了"制度＋文化"。所以，企业从创业期到成长期的过程就是管理方式的改变，要从"情感＋忠义"的管理变成"制度＋文化"的管理。

小提示

未来的企业管理，一定要从"情感＋忠义"的管理转向"制度＋文化"的管理。这个转变的过程非常非常重要。

能力篇
系统运营官需要具备五大战略思考能力

第三章
靠什么凝聚人心：领导力

成就感决定成就！一个人越有成就感，就会表现得越好。员工干得好，你越夸他、赞美他，即使给他的报酬少一点，他也愿意干。作为领导，要经常鼓励员工，赞美员工。

领导力修炼

企业文化是怎么统一的？靠大家不断重复。如何提高自己的领导力？首先就是气质修炼。所以，领导者一定要学会修炼自己的气质。

在公司当中，员工有员工的标准：

第一，听话照做，不折不扣，立即执行；

第二，全力以赴，成功与借口不能并存；

第三，为使命而工作；

第四，珍惜你所拥有的并保持感恩之心；

第五，倾听；

第六，团队精神；

第七，先思后动，考虑周全而后行动，预防犯错；

第八，言行一致，实事求是，说到做到；

第九，形象（为成功而穿着，为胜利而打扮）；

第十，认真、用心、努力、负责任，凡事都应遵循原则；

第十一，绝不讲负面，专注于正面积极；

第十二，铁的团队，铁的纪律；

第十三，别人讲话不插嘴，尊重别人就是尊重自己。

所有员工都要做到这13条。训练完，要让员工把这13条背下来。因为当一个人将这些内容背下来时，这些内容就会融入到他的血液里，就会占据他的心智。

过去我带团队的时候，所有的人都是以这13条严格要求自己的。后来，我们又提炼出了高管的13项要求，所有做高管的人，未来也要去修炼这13项要求。修炼得越好，带团队就会越轻松；反之，就会很辛苦。

在这里，我就把高管要求的13项要求，与大家一起分享。

1. 要有格局

要想做一个优秀的管理者，首先要提高自己的心境和格局。一个好的管理者的格局有多大取决于他心里能装多少人。

上升到高管位置的人，通常都有一定的格局。如果你还抱有员工的心态，是很难做好的。不可否认，做高管很容易得罪人，背后肯定会有人说你的坏话。如果有人说你坏话，你就跟他斤斤计较，那就完了，作为高管，你的胸怀、格局很重要。

要懂得包容别人，这个是需要修炼的。学习有两种方式：一种是渐修，另一种是顿悟。管理者要顿悟，要打开你的格局，放开你的胸怀。如果有人经常给你提建议，说明你进步的空间是广阔的；如果背后有人说你坏话，代表你的提升空间很大，所以高层管理者的思维模式非常重要。

一位著名企业家曾经在作报告的时候，一听众问："请问，对你而言，成功最重要的原因是什么？"企业家没有直接回答，他拿起粉笔在黑板上画了个没有圆满的圈，留下一个缺口给众人，引来大家七嘴八舌地回答。

"这只是一个未画完整的句号，也是我获取成绩的原因——不把事情做得圆满，就像这个句号，一定要留下缺口，让我的下属去填满它。"企业家说。

留缺口给他人，并不是说明自己的能力不够完美，因为企业家并非一个人的代表，他身后是一群人，是一家企业，所以，留缺口管理才是一个拥有开放格局企业家的真正管理智慧，一种更高层次、带有全局性管理战略的圆满。

心胸有多大，舞台就有多大；格局有多远，企业就能走多远！如今，有多少企业家将经营的商业格局当成自己的生命格局来经营，又有多少企业家能够突破生命格局的困境来重塑自我。当原则遇到挑战的时候，领导者应该好好地向战略家刘邦学习，与时偕行，与时俱进，提升管理层次，用"大胸怀"的生命格局登上商业格局的巅峰。

个人使命宣言

一份个人使命宣言是你的信念、人生观和目标的结合体，会让你把注意力更好地集中在目标上，并帮助你把理想转变为现实。你可以写下自己的使命宣言，这实际上是一件非常有趣的事情。以下是基本过程：

- 定义你自己；
- 定义你的奋斗目标；
- 定义你如何为他人服务；
- 定义你将如何改变生活、接受新事物并不断成长；
- 定义你对自己的承诺；
- 定义你对他人的承诺；
- 定义你如何实现自己的使命。

这些词语将会对你有所帮助：意志、奉献、坚持、诚实、积极、热情、乐趣、健康、学习新事物、倾听、帮助、准备、鼓励、他人、持续、榜样。

用你的目标和愿景来定义你的使命：

- 你想树立的榜样；

- 你在生活中追求的理想；
- 能够每天帮助你实现自我完善的信念。

这一过程需要时间。先写出一份草稿，几天后再重读，并进行改正，以便更好地表达你的真实感受。描述你的现状，描述你的未来。

把它贴在你每天都能看得到的地方，用粗签字笔签上自己的名字。

我强烈建议你写下你的个人宣言，这将塑造并发展你的个性，它将成为你生命迷雾中的灯塔。这是一条每天都需要修建的路。

这是你的使命！

2. 传递正能量

习近平总书记提出来的三个字就是"正能量"。正能量的传递非常重要。但是，一个人的行为是有习惯性的。在企业里，有的领导人看事情时，喜欢看到负面的信息。如果我写了五种方法，其中有四个是正确的，可是有些人却将这些正确的视而不见，而直接将目光投向错误之处。在经营过程中，任何一个公司都不是完美无缺的，如果今天你在这个企业工作，每天看到的都是企业的负面信息，满脑子就都是负面。如此，企业能不能做好？做不好！

作为高管尤其不能给员工传递负面的东西。如果经常性地在背后说公司坏话，或者说领导坏话，当你做这件事情时，你的团队也就不会团结了。在公司里面，高层管理者要随时随地塑造好的一面，不要给员工展示不好的一面。

人是一种什么动物？比如，今天看到一个消极的信息，就会习惯性地跟别人讲；当你去讲的时候，自己也会变得消极，那个人也会变得很消极。有些人讲完一个，感觉不够味儿，还会再找另外一个人讲。讲完之后，当他更消极了……当他把身边人都消极了之后，他就离职不干了，就会跳槽到下一家公司，去祸害下一家公司了。这样的人在企业里一般都是很难得到重用的，所以，在企业里面工作，我们要随时随地地传播一种正面的、向上的东西。

作为高管，在微信、微博里面发的东西都非常重要！如果发一个微信："我今天好累"，朋友圈里的员工就会很快看到，都会察觉到你的感受，如果你每天上班都说"我很累"，即使本来不累，也会让自己感到心累。所以，即使真的感到很累，也不能跟员工讲。高管在员工的面前，要永远传递正面的、向上的、积极的情绪。

乔·吉拉德，美国著名的推销员。他是吉尼斯世界纪录大全认可的世界上最成功的推销员，连续12年平均每天销售6辆车，至今无人能破。

乔·吉拉德之所以能够如此成功，不是幸运之神眷顾着他，而是他像幸运之神一样地为他的顾客提供着"幸运"——正能量。

在乔·吉拉德的工作中，或许客户五年后才需要买车，或许客户两年后才需要买车给大学毕业的小孩当礼物。没关系，不管等多久，乔·吉拉德都会等，一年12个月不间断地寄出不同花样设计、上面永远印有"I like you!"（我喜欢你）的卡片给所有客户，最高纪录曾每月寄出16000封卡片。"我的这些卡片与垃圾邮件不同，它们充满爱。我每天都在发出爱的信息。"

乔·吉拉德还特别把名片印成橄榄绿，令人联想到一张张美钞。每天一睁开眼，他逢人必发名片，大家并不反感，因为这代表着一天好运的开始。

乔·吉拉德为客户传递着的永远是正能量。

乔·吉拉德说，有人拿着100美元的东西，却连10美元都卖不掉，为什么？你看看他的表情。要推销出去自己，面部表情很重要：它可以拒人千里，也可以使陌生人立即成为朋友。笑可以增加你的"面值"。乔·吉拉德这样解释他富有感染力并为他带来财富的笑容："皱眉需要9块肌肉，而微笑，不仅用嘴、用眼睛，还要用手臂、用整个身体。""当你笑时，整个世界都在笑。一脸苦相没有人愿意睬你。"他说。

在经营企业的过程中，公司里面一定会出现很多问题。作为高管，我们是来为公司解决问题的。在我的微博中，我从来都没有发过消极的东

西，同时我也会告诉公司的员工："不要发消极的，要发正面的东西，发完之后，没准你的朋友就会加入公司。"因此，高管要随时随地去传递正能量，不要去做消极的事。

有的人八卦得不得了，上班就会说别人的坏话。我还发现了一个现象，但凡那些总说别人不好的人，自己也好不到哪里去。高管要在公司里面打造一个"场"，让员工一进来，就感受到这是积极的"场"，而不是消极的"场"。如果一进来就感觉是消极的，即使是一个原本积极的人也会立刻变得消极。你是一个高管，代表的不是你自己，代表的是一个部门，公司。出去之后，你就是公司的名片，就是公司的形象代言人，所以要传递正能量。

3. 一日千里地成长，无所不改变

今天，企业发展的好不好，与高管有着直接的关系。你们的成长速度决定了企业的成长速度！改变的过程是痛苦的，但是，因为我们要想实现自己的人生目标，就必须做出改变。

2014 年《福布斯》中国富豪榜十大富豪之一、杭州娃哈哈集团有限公司董事长兼总经理——宗庆后，他的履历如下：

> 1978 年，入工农校办纸箱厂做推销员。
>
> 1979 年，在杭州光明电器仪表厂负责生产销售管理。
>
> 1981 年，在杭州胜利电器仪表厂负责生产销售管理。
>
> 1982 年，在杭州工农校办厂做业务员。
>
> 1986 年，任杭州市上城区校办企业经销部经理。
>
> 1987 年，承包校办企业经销部。
>
> 1989 年，创建杭州娃哈哈营养食品厂，任厂长。
>
> 1991 年至今，任杭州娃哈哈集团有限公司董事长兼总经理。娃哈哈食品集团公司正式成立。1991 年企业产值首次突破亿元大关，达到 2.17 亿元。
>
> 1994 年，娃哈哈响应对口支援三峡库区移民工作的号召，投身西

部开发，兼并了重庆涪陵地区受淹的 3 家特困企业，建立了娃哈哈第一家省外分公司涪陵公司。此后，娃哈哈迈开了"西进北上"步伐，先后在全国 29 个省、市、自治区建立了 160 多家分公司。

1996 年，瞄准瓶装水市场，娃哈哈纯净水诞生。有经济学家曾认为，娃哈哈纯净水的出现，是宗庆后搭建商业帝国最重要的一块砖。同年，担任中国工业经济协会常务理事。

1997 年，担任中国保健食品协会副会长。

1998 年，当选浙江省人大代表，杭州市人大代表。同年，担任浙江省饮料工业协会会长。

1999 年，获得美国绿卡。同年，担任浙江省食品学会第三届理事会副理事长。

2003 年，当选第十届全国人大代表。

2007 年，当选第十一届全国人大代表。

2010 年，荣登胡润全球百富榜内地榜首。

2012 年，胡润全球富豪榜发布，以 105 亿美元位列第 78 名，成为"2012 年中国内地首富"，也是唯一一个上榜的中国大陆富豪。

2012 年 10 月 12 日，《福布斯》发布 2012 年福布斯中国富豪榜榜单，娃哈哈董事长宗庆后以 100 亿美元的净资产重新登上首富的宝座。

2013 年 2 月 28 日，胡润全球富豪榜发布，宗庆后以 820 亿元第三次成为内地首富。

2013 年 5 月 6 日，《新财富》杂志发布"2013 新财富 500 富人榜"，娃哈哈集团宗庆后以 700 亿元财富成为 2013 年首富。

2014 年，以 110 亿美元进入 2014 年福布斯中国富豪榜十大富豪榜。在《胡润百富榜》，宗庆后家族以 1250 亿元位列内地富豪第四名。

所以，大家要成长，而且要一日千里地成长！

今天你可能还不是公司的一个重要角色，但是依然要用更高的标准来

要求自己。虽然现在公司的规模不太大，可能一年才几千万元，但是我们要希望未来的某一天公司能做到几个亿、十几个亿。当你以这个标准来要求自己的时候，你才有可能快速成长。

成长的背后就是我们要改变。事实证明，做得不好的公司很大一部分原因就在于自己改变的速度太慢了。人的思维具有一种惯性，如果重复昨天的动作，结果还是昨天的结果。所以，作为一个公司的领导层，作为老板的核心团队，要随时随地去想更好的办法把现在的工作干得更好。

最开始做员工的时候，我每天都会问自己三句话：第一，我今天做对了什么？第二，我今天做错了什么？第三，我明天哪里可以做得更好？假设我是公司的领导者，这个事我应该如何去做？我每天总结，现在公司的员工都养成了总结的习惯。当一个人养成这种习惯的时候，他也在逐步成长。

4. 先做榜样，再做管理

行动的感召力和影响力通常要比语言强百倍！这是人的一种天性。从幼儿开始，人类便具有一种强烈的模仿大人行为的能力，在我们成年后，这种倾向仍然是主导我们行为的最主要力量。因此，领导者一定要发挥好自己的榜样力量，垂先示范！

在企业，榜样的力量是无穷的，榜样的力量是无限大的！在中国，更多的是榜样的力量。可是，在企业里，员工永远都不会听你讲啥，他永远只会看你在做啥。换句话说，不是说我们说的话会影响一个人，而是我们做的事情会影响一个人。也就是说，有什么样的领导者，就会有什么样的追随者；有什么样的干部，就会有什么样的员工。

一个企业，一个领导者，就是员工最好的一面镜子，影响别人最好的办法不是去说教，而是自己要先做到。比如，今天有两个员工上班迟到，结果管理者上班每天都迟到。如果管理者警告员工："上班不要迟到！"可是，如果你天天迟到的话，会直接导致有的员工不迟到，有的员工会迟到。

如果你让员工不早退，结果你每天都早退，最后就会导致你的员工有的早退，有的不早退。

如果你跟员工讲："不要消极，不要传递负面。"结果你跟他一讲话就传递负面，很多员工就会跟你学习，所以要想要求员工做到，管理者自己首先应做到。先做榜样，再做管理！

5. 指哪儿打哪儿

管理者要具备一种精神，就是指哪儿打哪儿，哪里需要我，我就去哪儿；只要公司派你去，不要推托。如今，我们公司的很多人都具备这个性格特点。比如，我们的孙总监，有时也会感到身体不舒服，体能不是很好，但是，这么多年，每次我见到她都非常积极，每次她都会将最阳光的一面展现出来。

常言道，恭敬不如从命。谦恭地敬重领导，不如顺从领导的意志和命令。对高明的赞美者而言，服从是金，语言是银。这是由领导与下属的特殊关系决定的。有时老板也会很累，只不过他不敢说，他也不说。所以，要给他鼓劲，要指哪儿打哪儿。

在创成，对于"指哪儿打哪儿"这个主题最有发言权的就是招商中心的郝爽郝老师，对于"指哪儿打哪儿"，她有着自己的理解。

不服从领导就是不尊重领导。中国人比较讲究实际，一个人说得天花乱坠，干起来什么都不行的人很受人歧视。领导是工作上的权威，很重视自身威信，不服从领导实际上就是无视领导的权威，会损害领导的尊严。

刘秀登基称帝后，在南方尚有更始帝手下的郾王尹尊等将领拒不投降，成为刘秀的心病。刘秀决定灭掉更始帝手下的这些拒不投降的将领，完成统一大业，使民安居乐业。

当他把自己的想法告诉诸大臣时，大臣们纷纷称赞刘秀"居庙堂之高则忧其民"的心意，刘秀也越发感到统一的必要。但当他召集众将商讨对策时，谁都不愿去，谁也不愿拿主意。

刘秀感到很丧气，最后以木简敲着地问道："郾势力最强，宛居其次，谁能前去征讨？"此时贾复回答说："请让为臣征伐郾王！"刘秀开怀大笑："有执金吾贾复进击郾王，我还有什么担心的。"

系统运营官

后来评功论赏时，贾复还是一声不吭，但刘秀却说："贾复的功劳，我自己是一清二楚的。"

贾复不是个善于逢场作戏、溜须拍马的人，他的行为无疑是对刘秀决策的最大的支持和赞同。当然，服从领导并不是要求盲目服从，凡是领导说的都要听从，凡是领导决定的都要遵从，盲目服从可能是对领导的一时的恭维，但从长远和结果看，如果服从的是错误的决策或命令，可能会害人害己。

李斯就是个死心塌地跟秦始皇走的人，对秦始皇逆来顺受、言听计从。秦始皇是个鱼肉百姓的昏君，大兴土木，工程很多，为行建功立业之实，他决定东填大海、西建阿房宫、南修五岭、北筑长城，群臣听说后喧哗不止，劝谏者颇众，秦始皇很不高兴。

此时，李斯却称赞秦始皇的计划道："陛下操谋远虑，此数举措置得宜，导万民于千百世之鸿利。目下诸多困境，可致后世无穷之基业，奈何着眼于近途，而遗千古之功。"

秦始皇听完很高兴，自觉没有看错人，是个人才。李斯见秦始皇龙颜大悦，更是明目张胆地大肆吹嘘："今陛下动众兴工，圣王之举也，奈何言之涌涌，尽阻基业之创就，臣不知何由至此？"秦始皇高兴地说："丞相所言极是，朕意已决，众卿无须赘言。"自此把李斯视为知己。

李斯在大兴土木方面盲目信从秦始皇，并为之歌功颂德，仅仅为一人着想，却害苦了天下老百姓，助长了秦朝的苛政，不仅激怒了民众，而且加速了秦王朝的崩溃。

聪明的下属既尊重领导的决策和命令，又能有分辨地执行领导的决定，只要事情完满解决，把功劳很大程度上归于领导，同样能得到领导的赏识和信赖。

6. 头顶着天，脸贴着地

头顶着天，就是我们要有远大的梦想，做事要脚踏实地。

做事情时脚踏实地，得到结果非常重要，这就叫"头顶着天，脸贴着地"。

对于"头顶着天，脸贴着地"，创成的青岛分公司的宋美霖总监这样说：

很多时候，我们会羡慕自己企业的老板，或是身边做企业老板的朋友，但我们只是看到了他们坐拥现在的荣誉和风采，殊不知其背后的艰辛创业的血泪史，不知道他们是如何"头顶着天，脸贴着地"前行！我们或许能复制老板的思维，或许能够模仿老板的行为，但是我们永远无法复制老板在他的两年、五年甚至十年的奋斗历程和经历！

很多企业老板都想让员工在本公司平台内部创业，但是员工如何能实现？靠的不是我们的空想，靠的是像老板一样"头顶着天，脸贴着地"做一个实干家！

马云曾说，中国不缺批判只缺实干家：今天的社会，能说会道的人很多，善忽悠的很多，但真正肯去完善建设的人太少；中国一直不缺批判思想，缺的是一批实实在在干事做苦活的人。就像公司不缺战略一样，公司缺的是把战略变现的人，缺的是把批判变建设，并加以完善的行动者！胡锦涛同志在十八大上提出"空谈勿国，实干兴邦"，或许我们所关注的没有那么广，对于企业来说就是空谈误己误企，实干兴己兴企！所以，我们一定要头顶着天，脸贴着地，做一个实干家！

如果想在漫长的职场生涯中稳步高升，首先要踏踏实实地去完成工作中的每一项任务，无论工作是繁重的还是琐碎的，都要严格要求自己全身心地去完成，而不是一味地抱怨、一味地敷衍。被动地工作，总是推三阻四、满腹牢骚，不但工作做不好，自己的身心也会备受摧残。如何才能让自己在工作时向浮躁说不？

（1）工作再平凡，也要兢兢业业

无论所从事的工作多么平凡、多么简单，甚至微不足道，都要将自己的工作视为一种使命、一种责任。即使在平凡的岗位上，也要有全心全意、尽职尽责、兢兢业业、爱岗敬业的工作精神。要坚信自己能在平凡的

岗位上成就一个不平凡的自己。不要小瞧自己，人与人是平等的，只是每个人的职业不同而已。

（2）具有踏踏实实的工作态度

工作容易浮躁的主要原因就是做事不踏实，没有目标，看不到方向，对手头的工作厌恶，只看到工作的杂乱，却看不到希望。或者是好高骛远，过高的期望，如想当领导却只能做着文员的工作，无谓地焦急浮躁抱怨，认为是眼下的工作牵绊了自己的步伐。其实想要前进的首要任务就是把握好方向，再高的期望也要从当下做起。"登高必自卑，行远必自迩。"只有脚踏实地，一步步攀登才能登上高峰，成就自己。

（3）提升自己，修身养性

有的人浮躁是因为脾气性格的问题，遇事就着急发火，烦闷发牢骚，可谓世上本无事，庸人自扰之。首先，自己应修身养性，让自己的心灵得以净化，自我反省，重新塑造自己的品性，让自己从心底反感浮躁转而变得沉着稳重，处事落落大方，让自己做一个遇事能冷静思考、自我分析，应对工作压力，并能从工作中总结经验以及在不足中查漏补缺。

（4）以工作为乐，不苦恼

不要错误地认为工作是被逼的，是给领导、老板做的。工作也是为自己做的，通过工作我们可以学习、思考，可以不断提高自己，可以拿到自己付出的报酬，可以证明自己的实力等。如果视工作为紧箍咒，认为它限制自己，摧残自己身心，天天背负着沉重的思想枷锁，只会让错误的思想束缚了自己。

工作不仅是一种谋生的手段，在工作中可以证明自己的价值，发现无限潜能的自己。当你用你的智慧去克服工作中的种种难题，当你出色地完成领导交代的每项任务时，就会感到快乐和欣喜，这就是工作带给我们的乐趣。

7. 德需配位

职场上经常会听到三句话：基层员工看才华，中层员工看德行，高层员工看胸怀。所以，作为企业的核心团队，我们和员工比的并不是能力，而是德行和胸怀。

一个人的德行好不好，看的就是价值观跟公司的价值观是否匹配。如果你的价值观跟公司是匹配的，就是德行好；如果你的价值观跟公司是不匹配的，就是没有德行。毛主席经常说一句话："朱德是个德高望重的人。"朱德的能力没有林彪强，但是为什么德高望重呢？因为他的价值观跟毛主席是高度统一的。

在创成，济南分子公司的王尹正王总对于"德需配位"有着自己的心得。

8. 做个好家长

春秋时期，吴起是吴国著名的将领。他非常体恤关心下属，有一次在巡视战场时，看见一个士兵腿部化脓了，便用口将脓吸了出来。

士兵的母亲听到这个消息后大哭，别人问为什么，她回答说："我儿子活不长了。他有一个哥哥，吴将军也曾帮他吸过腿上的脓，后来战死沙场。"果然，不久这个士兵因感激而勇猛作战，最后战死。

这就是下属感动后激发出来的潜力！管理的本质就是感动下属。其实，要想感动下属并不难，只要多和下属沟通，多关心下属，多肯定下属，多站在下属的立场思考问题即可。

要留住真正的杰出人才，只凭钱是不够的，关键在于情、义二字，要用情来打动他们。人是生产的第一要素，作为企业的管理者，必须要以人为本，把关爱员工放在工作首位，要关心他们的生活和身体健康、关心他们的生产安全、关心他们的工作。

其实，在我们身边关心员工的企业比比皆是：

案例一：谷歌

谷歌为员工提供了周到的全套日常生活照顾服务，如自行车修理、理发形象设计、干洗、理疗按摩、健身、汽车换油、洗车服务，还有专门的排球场、热水游泳池供员工下班后放松。

在位于加州的谷歌总部，每天有约200只小狗在楼下玩耍，它们的主人都是这里的员工，他们再也不必担心宠物狗在家无人照顾了。另外，很多年轻人都为下班后吃什么而烦恼，谷歌已经帮员工想到了办法，谷歌里有19家餐厅，任员工选择。过了饭点也不用担心，公司还有60间小型厨房，有大约100种小吃和饮料，24小时开放。

案例二：脸谱网

脸谱网给初为父母的员工提供4个月的带薪育儿假，还给报销托儿所费用、收养费和4000美元（约合人民币2.5万元）的婴儿抚育费。对于其他员工，公司则在其加班时间，提供免费的工作餐以及各种小吃。

案例三：辛嘎社交游戏公司

公司不仅为员工提供免费的午餐和晚餐，还有周末餐。员工不需要请假条，随时可以根据个人情况休息。如果下班时间想放松，公司的按摩室可提供足底按摩和针灸。如果想改变一下造型，理发师就在隔壁，随时恭候。

案例四：空中食宿网

公司允许员工带宠物上班。懒得打理自己业余生活的员工，可以参加公司的"主题日"活动，看喜欢的电影，还可以拿着每年2000美元（约合人民币1.2万元）的旅游经费去旅游。

关心员工的基础是能关注员工，温暖人心。相反，我们身边也有这样的例子：当员工因为突然生病不能来上班时，作为上级没有关心员工的身体，只是抱怨员工不为工作着想；有的实习生刚入店或老员工调入一个新环境时，感受不到上级的关注，更谈不上激励和表扬。这些现象，时间长了，员工的激情没有了，价值感找不到了，所以，烦躁、抱怨、消极的情绪随之而来。

员工是企业的主人，但主人更需要关爱。人是有感情的，当管理者对员工施以关爱后，会使员工感到自己受到尊敬，感到温暖，会产生无穷的积极向上的动力，去干好工作，促进企业的快速发展。

家长是怎样爱护自己孩子的，高管要用家长的心态来爱护员工，如表3-1所示。

表3-1 　　　　　　　高管要用家长的心态爱护员工

表　现	说　明
在工作上关爱员工	对于管理人员来说，在工作上关爱员工，就是要信任下级、支持下级，及时了解员工的工作状况，遇到问题立即解决。要让员工轻装上阵，充分发挥其聪明才智
在生活上关爱员工	要改善各类生活设施，解决好员工的实际困难，丰富员工的文化和精神生活。要塑造和谐的人际关系氛围，加强员工情感关怀。在日常生活中，员工总会遇到这样那样的困难，作为他们的上级，要及时关注到，并且伸出援助之手
在心理上关爱员工	要通过开办心理课堂等方式，向全员讲授心理健康、心理调适、自我减压等方面的知识，帮助员工进行心态和情绪管理，努力塑造员工的阳光心态。要利用微信、短信等虚拟平台，与一线人员密切联系，让员工的心灵诉求得到及时回应和合理解决，提高员工"心理免疫力"

当你做好家长的时候，管理就比较轻松了。

9. 积极帮助别人

今天，企业能否做得更好，主要取决于每个人是想帮助自己，还是想帮助别人。如果每个人都想帮助自己，不想帮助别人，公司是没有能量的；如果每个人的出发点都是想帮助别人，企业就会爆发出巨大的能量！

在大学的时候，我曾在很多公司工作过。工作的时候我一共有两个理念：第一个理念，帮助上司获得成功，帮助上司做得更好；第二个理念，帮助下属更成功。这两个理念一直延续到现在，现在我也把这个理念延续到了我的团队。

作为一个高管，假设今天你能帮助上司和员工，你就会做得更好，所以不要总是想着别人为自己做什么，而是要想一想，我能为对方做什么。

如果我在财务部，旁边有营销部，就要问问自己：财务部能为营销部

做点什么?

如果我是人力资源部的,就要思考一下:人力资源部能为营销部做点什么?能为生产部做点什么?能为其他部门做点什么?

当你以一种帮助的心态做事情的时候,你会发现,在团队当中你的人际关系立刻就会发生变化,团队就会产生较强的凝聚力。

管理者作为组织的管理者,其绩效不是量化的销售额,不是合格产品的数量,不是招聘员工的数量,不是研发新产品的成功率。管理大师彼得·德鲁克说:"管理者的本质贡献在于帮助下属成功。"换言之,管理者的绩效取决于他的下属的绩效总和。管理者对组织的作用,在于帮助组织成员更好地取得成功。如何做到这一点呢?

(1)最大限度地辅导下属

管理者要毫无保留地把自己的宝贵经验与下属分享。很多管理者担心"教会徒弟,饿死师傅",所以在辅导下属时总是"留一手"。这种不彻底的经验分享完全是一种多虑。其实,管理者让下属信服,凭借的是个人的人格魅力,而不是自己掌握的独特能力。管理者将经验全盘与下属分享,不仅不会遭到他们的抛弃,反而会赢得他们的尊重和敬佩。

在辅导的过程中经常发现,有些下属非常"笨",教导他的东西很难接受、理解、掌握和运用。事实上,每个人的资质和理解能力不一样,管理者要耐心地给予他们辅导,不能因为下属一时不能领会,就粗暴地以为辅导无济于事,甚至对下属表现出失望的态度。

(2)开展形式多样的读书会

现代社会日新月异,要跟上时代的步伐,必须保持持续学习的习惯。很多人认为学习只是学生时代的事,走上工作岗位之后,就不再用心学习知识了。这是对学习的极大误解,学习是一辈子的事,只有不断学习、不断成长,才会胜任新的工作和岗位。

学习是提升自我能力的有效途径,管理者要帮助下属成功,最有效的方法就是帮助他们养成热爱学习的习惯。可以结合下属的工作需要和能力水平,每月推荐一本具有阅读价值的书,交给下属轮流阅读,读过之后每人写一篇1000字左右的读书笔记，在组织内部分享、传阅或者贴到公司文化墙上。如果条件允许，可以邀请作者来组织内部与所有人分享。

（3）定期开展培训

培训的内容要紧密结合大多数人的需求，人力资源部必须定期汇总员工的培训需求；管理者在充分参考员工的培训诉求的基础上，结合岗位责任和胜任能力模型，安排培训课程。

培训讲师可以由组织的部门主管、专业人士和优秀员工等担任，也可以外聘专业讲师、专家、学者等。

培训开展之后，要对参与培训的人员进行考核，督促他们将所学的知识运用到实际工作中。

（4）积极开展在职辅导

在职辅导是在工作实践中发现问题、现场解决问题，这种方式运用范围广泛，具有很强的实用性和时效性，效果显著。在职辅导必须持久，不可能一劳永逸，因为旧的问题解决了，肯定还会出现新的问题。

管理者要多深入员工工作现场，善于在现场中发现问题，即时帮助他们解决问题。对于员工的求教、求助，必须秉持着亲切、配合、耐心的态度，给予有效的帮助，即使是非常幼稚的问题，也要认真给予解答，不可流露出不耐烦和看不起的态度，否则就会伤害到员工的尊严和自信心，他们就不会再向你请教问题了。

（5）鼓励员工继续深造

随着职位晋升、岗位调换、工作环境等因素的变化，人们原有的知识储备和能力无法再适应新的挑战；工作中出现力不从心的情况，感到压力重重。为了跟上发展的步伐，不断提升自身素质与能力，适应新挑战，必须通过再深造，给自己充电，弥补自身的能力不足，强化薄弱之处。管理者要制定鼓励员工再深造的制度，例如，全额或部分报销学习费用、深造之后晋升职位等。

10. 学会示弱

时时的强大，能得一时之利，却并不能够保证最后的胜利，太过逞强

好胜的人往往会遇到更多的挫折。当他们需要团队成员配合时，下属往往认为其"太强"而选择消极配合。这样一来，管理者得到的资源和帮助都是最少的，要想做成一项工作往往要付出很多的心思、承受很大的压力。相反，那些遇事懂得适度地忍让，不过分逞强，不事事占先的人往往能得到更多的资源，被更多的人帮助。

美国心理学家曾经做过这样一项调查：

> 一个彪形大汉在拥堵的马路上横穿而过，愿意给他让路的车辆不到50%，车祸率很高。而一个老弱病残者横穿马路，却是万人相让，大家还觉得自己是做了善事，车祸率几乎为零。

弱与强，在某种时候，收到的效果截然相反。弱，反而得了强势；强，反而处于弱势。其实，示威人人都会，而懂得适时地示弱，却只有少数人才能做得到。会示弱的人往往是需要大智慧的，他们知道什么时候应该"示弱"，在什么人面前应该"示弱"。因此，为了自己的生存，为了事业的发展，管理者要调整好心态，学会适当"示弱"。

有些人一做到高管的位置，就觉得自己很牛了。可是，有句话说得好：上帝要想让你亡，先让你狂。所以，当你真正坐到一个位置的时候，你就要低调了。

当我们的公司在行业里做得很好的时候，我们可以高调一点；当你在行业里做得很好的时候，则需要低调一些。因为当你做得好的时候，所有人都会来攻击你，保护自己最好的方法就是示弱。既不去攻击别人，也不去攻击我们的对手，更不去攻击我们的同事。很多高管习惯拆台，可是如果公司高管互相拆台，这家公司就完了。

我们公司开会时，大家是互相塑造的。所以，一定要学会示弱，一定要低调。

低调做人是一门精深的学问。当今世界，尤其是市场经济发达的地方，往往是物欲横流。人与人相处，只要稍有点处理不当，就会招致不少麻烦。轻则，工作生活不愉快；重则，影响职业生涯和人生发展。因此，在职场上，与人相处，最关键的还是要学会低调做人！

（1）低调做人是一种智慧

不喧闹、不矫揉、不造作、不故作呻吟、不假惺惺、不卷进是非、不招人嫌、不招人嫉，即使你认为自己满腹才华，能力比别人强，也要学会藏拙。而抱怨自己怀才不遇，那只是肤浅的行为。

（2）少说话办实事

过分张扬自己就会经受更多的风吹雨打，暴露在外的椽子自然要先腐烂。在职场这个大染坊里，如果不合时宜地过分张扬、卖弄，不管你多么优秀，都难免会遭到明枪暗箭的打击和攻击。做人不能太精明，低调做人，不要小聪明，让自己始终处于冷静的状态，在"低调"的心态支配下，兢兢业业，才能做成大事业。

（3）注重思想的沉淀

给自己一个希望，永远保持好心情，主动去做应该做的事，激发自己的潜能，抱定任何都不放弃的信念，即使在一片懊悔或叹息、议论或指责的氛围中也要坚持。

不管处于何种境地，都要对生活、工作充满热情。有了热情，就能把额外的工作视作机遇，就能把陌生人变成朋友，就能真诚地宽容别人。有了热情，就能充分利用余暇时间来完成自己的兴趣爱好。有了热情，就会战胜困难，取得成功。

11. 熬得住

成功都是熬出来的，没有一个人是随随便便就成功的，没有一个人是在这个岗位上随随便便就取得成绩的。职场的成功，关键在于能不能"熬"得住。所谓"熬"，就是不轻易放弃自己的事业，不轻易改变自己的目标；就是一步一个脚印，用自己的双手去搏击。只要能"熬"得住，就能收获成功。

22岁那年，由于家境贫困，他被迫放弃了大学学业，在一个建筑工地上谋了份扛钢筋的差使。扛钢筋是一项重体力活，没干几天，他

的肩就被磨出了好几个血疱，但他咬紧牙关，默默坚持。一段时间后，他失望地发现，无论自己多么努力，得到的回报始终不多，这与他的理想相差甚远。

他的理想是成为社会精英，拥有足够多可以支配的财富。如果再这样混下去，等自己的意志磨平了，那将永无出头之日。意识到这一点后，他决意放弃这份工作。工友劝他说："你不要头脑发热，虽然这份工作不是特别理想，但起码它可以让你衣食无忧。"也有工友略带讽刺地对他说："你以为你是谁呀，要文凭没文凭，要技术没技术，要资金没资金，你凭什么成就自己的事业呢？"

对于工友好心的劝慰，他一笑置之。他坚信，只要找准了方向，就一定能找到更适合自己的工作。带着一腔热血，他离开了建筑工地，找了一份推销的工作。起初，由于没有销售经验，他四处碰壁、连连受挫。那段时间，他的日子过得捉襟见肘，收入还不如在建筑工地上扛钢筋。但他不是一个做事三心二意的人，于是，他暗暗告诫自己："我要坚持到底，不能丧气。我是一头狮子，不是只羔羊！"

痛定思痛，他先找到自身存在的问题，并针对自身不足，果断地将所有的积蓄投入到培训班。这5天让他受益匪浅，甚至脱胎换骨。培训结束后，他没有急着去寻找客户，而是认真学习和钻研心理学、公关学、市场学等理论，掌握现代推销技巧。

功夫不负有心人！仅用了三年的时间，他就创造了平均每天卖出一幢房子的惊人神话，创吉尼斯世界纪录，并从中获利3000多万美元，成为名副其实的千万富翁，那年他刚好27岁。他就是国际培训集团的创始人兼CEO（首席执行官）、有着"世界上最伟大的推销大师"之称的汤姆·霍普金斯。

这些年，全球经他培训的学生多达500多万，且大多都有所作为。当人们问及他成功的秘诀时，他总是微笑地回答道："每当我遇到挫折的时候，我只有一个信念，那就是找准方向，坚持到底。成功者绝不放弃，放弃者绝不会成功！"

在面对压力和困难时，若能找准方向，坚持不懈，你就可能走向成功。汤姆·霍普金斯就是最好的证明。

在创成，临沂分子公司的王林王总对于"熬得住"有着属于自己的"回忆"。

几十年前，在波兰有个小女孩叫玛妮雅。她学习的时候非常专心，不管周围的声音多么吵闹，都分散不了她的注意力。

一次，玛妮雅做功课的时候，姐姐和同学在她面前唱歌、跳舞、做游戏，而玛妮雅就像没看见一样，依然专心地看书。

姐姐和同学想试探她一下，于是就悄悄地在玛妮雅身后搭起了几张凳子，只要玛妮雅一动，凳子就会倒下来。时间一分一秒地过去，玛妮雅读完了一本书，凳子仍然竖在那儿。

从此以后，姐姐和同学们就再也不逗她了，而且像玛妮雅一样认真学习起来。玛妮雅长大以后，成了一个伟大的科学家，她就是居里夫人。

读了居里夫人的故事，专注力的重要性由此可见一斑！

很多员工，当管理者给他安排工作时，他会没有任何怨言地做出成果。可是，为什么很多人在职场中努力了很多年，却没有一点起色呢？其实，这里是有原因的。就像挖井一样！如果你在左边使劲挖，半天时间过去了，却没有挖到一点水。这时候，你就会认为这个地方没水，想换一个地方继续挖，于是就会转到右边。可是，挖了半天，依然没有挖到，力气也没有了……再换个位置挖一下，渐渐地，挖的动力越来越小，最后便放弃了……就这样，地方换了一个又一个，可是很多年过去了，依然没挖到水。

为什么很多人进步比较快，有的人进步比较慢？因为他们挖井的方式不同！在左边的时候，虽然没有挖到，但是他相信这个地方是有水的，只要不断地挖掘，终究可以挖到水，于是就继续挖，结果最后便挖到了水。

工作也和挖井一样，只不过，有的人挖得比较浅，有的人挖得比较深

一点。通常情况下，挖的地方越深，挖到水的概率就越高！有些人虽然在公司工作了很长时间，可是没有达到自己的理想状态，感觉拥有的并不是自己想要的，于是就会换一个地方、换一家公司。可是，一段时间后，发现还是这种情况，接着又换一个地方，然后又换一个地方……事实证明，但凡有所成绩的人都是在这家公司工作了好多年的。

正是我这种"熬"的态度，多年的媳妇终于熬成婆，被创成股东层给予高度的认可，在走进创成 8 个月的时间后，真正走进了创成核心层，成为创成三家公司的股东。因为我懂得什么是熬，熬是一种坚持，一种历练，一种毅力。

对于那些在公司里有点能力、担当一定职务的高管们我倒是有些忠告：粥多熬黏稠，汤多熬有味。有准备地熬，是看透时势地熬，犹如磨石磨刀，越磨越锋利。"内练一口气，外练筋骨皮"，熬得住，才有真功夫；"猝然临之而不惊，无故加之而不怒"，熬得起，方有大境界。

在我服务的很多企业里，很多高管都想创业。然而，现实与理想的差距太大了。记得有位记者采访孙陶然：给创业者点建议？孙总回答道："不要轻易地开始创业。"对于大多数人而言，选择一个合适的公司、适合自己的岗位打工是正途，也是个人价值发挥的最佳途径。但凡想创业的人都是同辈中的佼佼者，然而优秀的人选择创业放弃的东西也多，风险也大。若是拿着创业的劲头去打工，很多人可能很快成为出色的管理者；但是一旦选择创业，就会陷入一场持久的苦战。若成功，平步青云；若失败，偃旗息鼓，但是成功的概率有多少呢？你我知晓。所以，不要害怕打工不能遇到伯乐、怀才不遇。

纵观历史，孙膑能"熬"得住，完成了举世闻名的《孙子兵法》；司马迁"熬"得住，花了 18 年时间完成长篇巨著《史记》……相反，有的人禁不住诱惑，"熬"不住，便把人生之路走得一塌糊涂。因此说，"熬"住就是一切。

在人生的道路上，每个人遇到的都不会是一马平川，在"熬"的过程中，每个人都要尝遍各种各样的味道，有咸味儿的眼泪、甜味儿的幸福、酸味儿的记忆、苦味儿的失败……但是，只要我们慢慢地"熬"，耐心地过，永远保持美好的希望和憧憬，过后你就会发现你会拥有人生里最为珍贵的历程。

人人都有个梦想，梦想是弥足珍贵的，不要轻易放弃，认定了目标并为之不懈奋斗的日子，是人生最美好的时光，就像金子镶嵌在岁月中，当我们年老时它会成为我们最有价值的回忆。

人生的伟大都是熬出来的！没有人能随随便便成功，不要看别人今天的辉煌，要看他背后到底做了什么。他背后付出了太多，只是没有跟你说而已。

12. 把别人当财神

每一个人都是我们的财神，要把别人当财神。比如，客户是你的财神，下属是你的财神，领导是你的财神，你身边每一个人都是你的财神，要把别人当财神，不是把别人当敌人。如果把别人当成敌人，就会让自己四面树敌；你把别人当财神时，就会有一大堆朋友。

处理好人际关系的关键是要意识到他人的存在，理解他人的感受，既满足自己，又尊重别人。下面有几个重要的人际关系原则，如表 3 - 2 所示。

表 3 - 2　　　　　　　　　　　人际关系原则

原　则	说　明
真诚	真诚是打开别人心灵的金钥匙，因为真诚的人使人产生安全感，减少自我防卫。越是好的人际关系，越需要关系的双方暴露一部分自我
主动	主动对人友好，主动表达善意能够使人产生受重视的感觉。主动的人往往令人产生好感
交互	人们之间的善意和恶意都是相互的，一般情况下，真诚换来真诚，敌意招致敌意。因此，与人交往应以良好的动机出发
平等	任何好的人际关系都让人体验到自由、无拘无束的感觉。如果一方受到另一方的限制，或者一方需要看另一方的脸色行事，就无法建立起高质量的心理关系

人际关系是职业生涯中一个非常重要的课题，特别是对大公司企业的职业人士来说，良好的人际关系是舒心工作、安心生活的必要条件。在工作中应该如何处理好人际关系呢？

（1）对上司——先尊重后磨合

任何一个上司做到这个职位上，肯定有他过人之处。他们丰富的工作经验和待人处事方略，都是值得我们学习借鉴的，我们应该尊重他们精彩的过去和骄人的业绩。

但每一个上司都不是完美的，所以，在工作中，唯上司命是听并无必要，但也应记住，给上司提意见只是本职工作中的一小部分，尽力完善、改进、迈向新的台阶才是最终目的。要让上司心悦诚服地接纳你的观点，应在尊重的氛围里，有礼有节有分寸地磨合。不过，在提出质疑和意见前，一定要拿出详细的足以说服对方的资料计划。

（2）对同事——多理解慎支持

在办公室里上班，与同事相处得久了，对彼此之间的兴趣爱好、生活状态，都有了一定的了解。作为同事，我们没有理由苛求人家为自己尽忠效力。在发生误解和争执的时候，一定要换个角度，站在对方的立场上为人家想想，理解一下人家的处境，千万别情绪化，把人家的隐私抖搂出来。

任何背后议论和指桑骂槐，最终都会在贬低对方的过程中破坏自己的大度形象，而受到旁人的抵触。同时，对工作我们要诚挚热情，对同事则必须慎重地支持。

（3）对朋友——善交际勤联络

俗话说得好：树挪死，人挪活！在竞争激烈的现今社会，铁饭碗不复存在，一个人很少可能在同一个单位终其一生。所以，多交一些朋友很有必要，所谓朋友多了路好走。因此，空闲的时候给朋友挂个电话、写封信、发个电子邮件，哪怕只是片言只语，朋友也会心存感激，这比邀上大伙撮一顿更有意义。

（4）对下属——多帮助细聆听

在工作生活方面，只有职位上的差异，人格上却都是平等的。在员工及下属面前，我们只是一个领头带班而已，没有什么了不得的荣耀和得意之处。帮助下属，其实是帮助自己，因为员工们的积极性发挥得越好，工作就会完成得越出色，也让你自己获得了更多的尊重，树立了开明的形象。

13. 对位

今天，你处于高管的位置，就要跟这个位置对位。如果现在担任的这个职位，跟你的能力是不匹配的，就要和比你做得好的进行一下对比，看看他们哪里做得比你好，然后去提高自己。

对位的时候，要找行业里面做得比较好的，或者是公司里面做得比较好的，看他有哪些优点是他有而你没有的，去跟人家学习。

一名优秀的高管应具备以下几方面素质和能力。

（1）树立良好的职业道德和信誉

职业道德是道德的一部分，管理者必须树立良好的职业道德和信誉。不仅要做事严谨、认真；还要时刻保持清醒的头脑，不损人利己，不假公济私；不轻易许诺，不处理无根无据的事务等。

（2）培养良好的心理人格素质

①宽广的胸怀。作为一名管理者，必须有宽广的胸怀。在工作中将面临着内外环境方面不同的声音、不同的观点，甚至是批评的声音和压力。要以"有则改之，无则加勉"的方式来对待，以平和的心态面对，不能斤斤计较。

对来自内部不同的观点，企业管理者一定要有海纳百川的气魄，对待自己的下属要主动去爱护他们，当下属犯错误时作为管理者首先要做自我检查，不逃避责任，要学会换位思考，不要一味地批评指责，要和下属一起找出错误的根源，避免以后再出现类似的事情。

②开放的心态。管理者应具有开放的心态，积极了解新事物，接纳新事物。不仅要在企业中建立吐故纳新的机制，管理者也应建立起相应的思维习惯、行为习惯，与时俱进。管理者要改变故步自封和安于现状的守旧

 系统运营官

心理，不断实现自我的突破和发展。

③坚忍的毅力和意志力。在工作中会面对各种各样的风险和挫折，作为我自身来说，年轻、缺乏经验，面对错综复杂的事情，往往对风险没有清醒的认识，在遭遇风险和挫折时，心理较脆弱，易气馁、自暴自弃，这个时候，必须有坚忍的毅力去对待，积极采取措施，解决问题，总结经验教训。

（3）专业素质的提高

专业素质是企业管理者履行其职责的基本要求。只有自身业务熟悉精通了，才能确保工作的效率性和准确性。工作中要有意识地锻炼自己的实践能力，将理论和实践有机结合；同时要自觉学习和吸收新的知识，面对日新月异的知识经济时代。知识永远是无止境的，特别是管理知识不断丰富和完善的今天，不断地将理论结合实践尤为重要。

（4）提高自身综合能力

①决策能力。决策是管理的核心，从一定意义上来说，整个管理过程都是围绕着决策的制定和组织实施而展开的。决策过程可以分为："决策—实施—再决策—再实施"的连续不断的循环过程，贯穿于全部管理活动和管理的各种职能活动中。决策包括以下环节：发现问题—明确决策的目标—拟定可行方案—综合评价和选择方案—检查评价和反馈处理。

②计划管理能力。日常工作琐碎复杂，这就要求管理者在工作中必须具有计划性。将零碎的工作条理化，做好本部门的人员分工，将工作分类归档，这对于提高你的管理效率是很重要的。

③沟通协调能力。加强各部门内部沟通协调，部门之间需要配合的工作，及时与相关部门取得联系，并且清晰、准确地表达工作需要；其他部门需要本部门配合协调的工作，要主动热情地给予配合解决。

④团队协作能力。注重团队精神，自觉培养自身及本部门的团队意识，建立良好的部门融洽关系，作为部门负责人要主动团结本部门人员，同时带领本部门人员积极参加公司组织的其他活动，共同营建和谐、团

结、融洽、美好的工作环境，同时在大家共同努力下，把自己的公司发展得更好更快！

⑤控制能力。控制就是监视各项活动以保证他们按计划进行并纠正各种重要偏差的过程。所有的管理者都应当承担控制的职责。控制越完善，管理者实现组织的目标就越容易。有效控制的要求包括：准确、适时、经济、灵活、通俗、标准合理、战略高度、强调例外、多重标准、纠正行动10个方面。

⑥领导激励能力。领导者必须有部下或追随者，且拥有影响追随者的能力或力量。领导的目的是通过影响部下来达到企业的目标。

激励就是要充分调动员工内心要争取的条件、希望、愿望、动力等需要，使每一个员工都保持旺盛的工作热情、最大限度地调动他们的工作积极性，引导不同职工朝向一个目标努力，协调这些职工在不同时空的贡献。

⑦学习能力。随着工作的不断深入和接触社会场合的不断扩大，自身知识水平将面临着挑战，这时候就要求及时地进行自我"充电"。养成良好的继续学习的好习惯，不仅会在工作中受益匪浅，在日常生活中也是提升自我修养、锤炼自身气质的有效途径。即使你现在是一个领导，时间久了不充电你的思想思维都不会有助于公司的更好发展。

在创成，青岛分公司孙艺航总监从一名普通的电话营销到今天的总监，她在每一个岗位都脚踏实地地完成自己"对位"的工作。

🌐 小提示

成就感决定成就！一个人越有成就感，就会表现得越更好。员工干得好，你越夸他，赞美他，即使是给他的报酬少一点，他也愿意干。作为领导，要经常鼓励员工，赞美员工。

个人战略工具

1. 目标决定动力

今天，不管是公司，还是寺庙，人都很多。可是，这两个地方的人表现是不一样的。比如，公司的人要付给他工资，寺庙的员工不需要支付工资；公司的员工每天都要给他做培训，让他好好干，结果培训完之后，有的人还是老样子；寺庙的员工不用培训，却依然干得很好。那这两个地方的员工到底有什么区别呢？

在我的家乡，很多人都会在三个月份吃素：2 月、6 月和 9 月。吃素期间，我母亲有时会劳作很辛苦，我很心疼地说："妈，反正也没人看着你，你可以偶尔吃点肉嘛。"可是，她却跟我说："自己修行自己好，自己吃饭自己饱。"

她为什么吃素？目的是为了自己！如今，很多公司的人都感到自己是在为公司工作，如果我们有一种方式能把一个人为公司变成为自己，管理就会变得轻松。今天，在企业里，每个人都会有自己的个人目标，如果把他的个人目标跟公司的目标进行对接，去帮助他实现自己的目标，公司的目标自然也就实现了。

所以作为高管，第一，修炼气质；第二，制定个人战略。当你有个人战略的时候，就会全身心地去实现你的个人战略；你的个人战略实现了，公司的战略也就实现了。所以，个人战略必须要基于公司战略。

（1）对一件事情着迷。

一个人要想成就一件事，必须对这个事情着迷。比如，在公司做人力资源，就得对人力资源着迷；做财务，就得对财务着迷。一个人之所以能够把这个事情做好，主要是因为他爱上了这个事业、迷上了这件事。

赫农王让金匠替他做了一顶纯金的王冠，做好后，国王疑心工匠在金冠中掺了银子，但这顶金冠确与当初交给金匠的纯金一样重，到底工匠有没有捣鬼呢？既想检验真假，又不能破坏王冠，这个问题不仅难倒了国王，也使诸大臣们面面相觑。后来，国王将它交给了阿基米德。阿基米德冥思苦想出很多方法，但都失败了。

有一天，他去澡堂洗澡，他一边坐在澡盆里，一边看到水往外溢，同时感到身体被轻轻拖起。他突然恍然大悟，跳出澡盆，连衣服都顾不得穿就直奔王宫跑去，一路大声喊着，我知道了。原来他想到，如果王冠放入水中后，排出的水量不等于同等重量的金子排出的水量，那肯定是掺了别的金属。

这就是有名的"浮力定律"，后来，该定律就被命名为"阿基米德定律"。

换句话说，如果一个人因为你的工作产生快乐，迷上它，就会乐此不疲，所以着迷非常重要。

（2）制定个人战略

①终身梦想。终身梦想可以不会实现，可以不被实现，仅仅是一个梦想而已。如果没有梦想，都不知道这个人该怎么活，跟行尸走肉差不多，所以，可以不被实现。

②五年目标。制定的五年目标一定要务实，千万不要搞得很虚，否则就实现不了。要务实，需根据自身的情况而定。可是，在我们身边，很多人都高估自己，这是不可以的！不仅不要高估自己，同时也不要低估今天的成就。因为五年以后，谁也不知道谁是怎么样的。很多人都把自己的今天看得很高，而低估了自己五年以后的成就。比如，现在看到自己跟五年以后看到的自己，一定是不一样的。所以，五年以后，我一定做得更好！

务实、具体、明确、可衡量、有挑战，其实就是要做平衡式的人生。如果你是一名店长，你的事业目标是有没有可能几年以后升为区域经理？或者升为公司的营销总监？或者有一天，成为公司的营销副总？或者是副总裁，或者CEO呢？这就是你的事业目标。一家公司的总经理越多，说明这家公司代表做得越好；一家公司总裁越多，代表这家公司威力越大，这

就是你的事业目标。

③团队目标。就是你要为公司培养多少人才，如果不培养人才，就是没有价值的。因为你是靠自己干，并没有团队的支持。

④社会贡献。一个人除了要会赚钱外，还要为社会做贡献，一定要为社会做一些有意义的事情。

⑤家庭幸福。如果一个人很有钱，家庭不幸福，也是失败的。

⑥身体健康。一定照顾好自己的身体，要多运动，定期去体检，让自己的身体变得更好；同时，要让自己保持一份好心情，心情不好，你的身体也不可能好。

（3）今年的行动

今年的行动一共分为三个阶段：阶段性结果、行动计划和承诺。所谓承诺就是："如果今年没有实现……我就会……"既然是要承诺，还要有检查人。

（4）成功支点＋突破元素

成功支点就是你过去是怎么成功的，如果你成功是因为勤奋、讲诚信、敢拼、敢挑战、勇于付出，这就是你过去成功的支点。可是，大部分人却把过去成功的支点丢了。

突破元素就是你要达成的目标，需要在哪些方面提高自己？

（5）放弃资源

选择等于放弃！成就事业越大，放弃得越多，所以要拿得起放得下。因此，家庭幸福的人，一辈子都把心思放在一个人身上。你要放弃什么？要围绕公司的战略、公司的目标，学会选择性放弃。

2. 个人战略基于企业战略

个人战略必须要基于企业战略，为什么？"小成功靠个人，大成功靠平台。"只有依附于一个平台，你才能做好。如果今天依附了创成咨询这个平台，可是没有创成咨询，你是一点价值都没有的；如果没有创成咨询，你跑街上去讲课，人们自然不会付费。

（1）小成功靠个人，大成功靠平台

所以，个人战略一定要基于公司战略，个人战略基于平台价值。我的终身梦想是致力于教育文化产业，帮助 100 万家企业提升管理成熟度，让一亿人生活更美好。

我的五年目标：

①将创成咨询打造成亿元级企业，实现销售额 3 亿元，帮助一万家企业导入运营系统，成立投资公司，参与 30 家公司投资。

②培养 10 名顾问中心总经理，101 名资深技术老师和 101 名企业家讲师。

③为家乡修建一条公路和三所希望小学。

④家人身体健康，家庭生活和谐。

⑤体重保持 135 斤。

⑥每年研发一个新产品，出一本新书，影响更多的人。

在一家公司里，每一个员工都要设定自己的个人目标。个人目标需结合公司的发展战略，如果个人目标实现了，公司的目标也自然会实现。在创成咨询，每一个员工加入公司的那天，都要写出自己人生的十大目标，在每年学习型春节上，写年度十大目标。员工晋升时，需要提供个人战略，而我的工作就是帮助他们实现个人目标，当他们的目标实现时，企业的目标也会实现。

所以，老板需要有成就员工之心，同时员工也需要有成就别人之心。

（2）个人战略 + 公司战略 = 愿景实现

没有目标地做事，则无成果可言，因为没有衡量的标准。小的标准称为目标，大的标准则被誉为战略。战略与战术不可分割，战术是实现战略的手段。

任何公司都会有发展战略，并且公司所有的规章制度都会围绕公司的发展战略来制订。而公司所制订的各种规章制度，每一位员工都要不打折扣地执行，只有人人都来执行，才能体现出制度的严肃性和可执行性。

每一位员工都来执行制度，就体现了每一位员工的素质，就体现了公

司的整体员工的素质，凝聚成了企业文化。公司的所有规章制度的制订都是围绕能够体现公司的企业文化来制订的，企业文化又会促进员工个体的进一步完善和在公司的发展。

企业文化代表着公司作为社会的一个成员所体现出来的价值观和公司观，在企业文化和公司规章制度的交互作用过程中，公司不断地向战略目标靠近。所以，公司的企业文化和规章制度就是保证公司战略实现的最重要战术。

人都会有最初的想法，无论是做事业、做投资、做人都是一样的，这种最初的想法就是个人的最初不成熟的人生战略，要想实现自己的人生战略，就得为这个战略来准备条件，学习个人战略中所涉及的相关知识，掌握个人战略中所涉及的相关技能，学会个人战略中所涉及的对问题的分析方式，树立个人战略中所要求的持之以恒的精神等，这些要求就是你自己为自己规定的个人规章制度。

在你执行个人规章制度的过程中，你所表现出来的是你个人优秀的综合素质，如果你准备好且适应了个人战略中要求的一切条件和制度，你的价值观和人生观也就相继有了较为成熟的模式，你的个人战略的实现也就为期不远了。

机智的融合与充分的沟通将是你实施个人战术必不可缺的两项技能。面对错综复杂的社会环境，你能认识到多少表面现象之后的本质，就能抓住多少潜在的机遇；你能迅速理清多少复杂事务的脉络，就能及时找到多少种解决问题的方法。你的人生观和价值观是否符合社会的习惯性标准，是否与公司的价值观及公司发展战略相匹配，都是作为职业人士应该有的。

当个人战略与公司战略能够相互融合时，要在公司的宏观战略发展中找到细分的各个小战略目标，如此才会使你的个人目标在最短时间内实现；同时，公司细分的各个小战略也会得以实现，最终实现公司的发展战略。

（3）个人战略工具

当你看到一座光秃秃的石头山的时候，你会有什么想法？

这座山到底有什么价值？有人想，种不了蔬菜也种不了粮，放弃了；有人想，采一些石头拿去卖，赚钱；有人想可以建设旅游区……制定个人战略的出发点不在于答案是什么，而是看到这座山的时候是不是有梦想。

制定个人战略的出发点是必须要有五年远景，如果没有五年远景，则不能支撑梦想的实现。

世界上有三种人：一种是没有梦想的人，做一天和尚撞一天钟，浑浑噩噩虚度年华；一种是梦想模糊的人，把工作当成生存的手段，落入工作的痛苦之中；一种是梦想清晰的人，为自己工作，工作是其生命的契机，把工作当成一种享受。

五年远景，以终为始，才可以保证最终的实现。

以终为始，分解战略目标。

第一周，列出曲子清单分类、修改。

第一个月，曲子修改。

第六个月，修改未完成作品。

第一年，编曲、排练、录音。

第二年，选择优秀的作品录音。

第三年，完成系列作品。

第四年，与唱片公司签约。

第五年，唱片面世。

有梦想有行动是成功的先决条件，但不能缺少的催化剂就是舞台。优秀的公司是每一个人缔造的，同样，公司也应为每一个员工提供舞台。

五年后的你在哪里？公司销售量多少？利润是多少？公司的硬资产在不断的升值，而五年后的你处在什么位置？

请读者感受一下，像你现在这样的水平在市场上多还是不多？企业在成长，员工也要不断成长，如果公司成长了我们不成长，结果是什么？你不成长就只有出局，而这种出局不是领导裁员，是业绩裁员，是业务裁员，因为你没有适应市场的发展规律。

个人战略工具是怎么做出来的？首先，是基于公司的战略制定的。个

人战略要基于公司战略制定，因此员工要有一颗成就公司的心，我也是创成公司的一名员工，所以，我要成就谁？我要成就创成咨询。

不管在任何一家公司都是一样的，都要先成就自己所在的公司；只有把公司成就了，自己才能被成就。如果今天每个人都想自己出去创办一家公司，相信绝大部分人都会失败。为什么？因为创业成功的人是少数，绝大多数都会失败。如果很多人在一起，利用十年的时间，想创办一家公司，一定能成功。十年之后，你就变成公司的股东了，公司赢了，你就赢了。如果每个人都出去创办一家公司，不仅公司的老板会失败，大家都会失败。

这个时代是抱团打天下的时代，所有人员必须凝聚在一起。所以，员工个人战略是基于平台战略的、基于公司战略的，员工要有成就公司的心。同时，公司也要有颗成就员工的心。两者结合，大家就会彼此成就！

🌐 小提示

如果把员工的个人目标跟公司的目标进行对接，去帮助他实现自己的目标，公司的目标自然也就实现了。作为高管，第一，修炼气质；第二，制定个人战略。当你有个人战略的时候，就会全身心地去实现你的个人战略；你的个人战略实现了，公司的战略也就实现了。

第四章
凭什么统一思想：文化力

根据公司的文化先把歌词写出来，之后编辑剪辑成歌曲。如果员工每天都唱着这首歌，他们跟顾客沟通是什么感觉？他们做事业是什么感觉？如果员工每天都唱，他们的工作状态、面部表情肯定跟别人不一样。

提炼系统的文化模式

企业文化模式是指相对固定的、具有一定格式化（或程式化）的企业文化。当这种文化构型在企业文化共同体的文化互动和作用中，经多次反复的验证、推敲，久而久之便既有了相对的稳定性，又具备了相当的普适性。于是，它们便成了某种企业文化模式。

1. 企业文化模式

企业文化在本质上是企业通过价值观念和精神要素来统一员工思想，指导员工行为，增强企业凝聚力，推动企业发展的。不同的企业有不同的文化模式，企业应根据自身特点来建设自己的文化模式。

（1）"乡土型"企业文化

许多中小企业的经营活动离不开地方文化的影响，企业在进行文化建设时理应将地方文化作为基础。特别是那些具有地域特色的乡镇集体企业和部分私营中小企业，或资源依赖于地方，或员工来自于本土，或产品销

售主要集中本区域，或产品品牌本身就源于本土文化。

因此，企业在进行文化建设时不能忽视地方文化影响，否则容易在员工的心理上造成文化扭曲，产生精神摩擦，最终导致文化坍塌，严重时还会干扰企业的正常经营活动。

（2）"家庭型"企业文化

"家庭型"企业文化是指企业建立起一种具有家庭氛围的企业文化。中小企业一般都规模小，人数少，组织结构简单，办事效率较高，工作场所相对集中，员工上下班之间的接触和了解的机会要比大企业多，从某种意义上说，这也为企业内部的人员交流与合作提供了方便。企业应以员工为核心，实行人本管理。如果把员工当作企业主人，把企业的前途与员工的个人命运看成是一个有机统一体，企业不仅能长远发展下去，还会激发员工的智慧和热情，产生一种不可阻挡的力量。

（3）"科技型"企业文化

这类文化适合于高科技中小企业和各类咨询策划公司。企业中，科研人员、管理人员较多，他们的基本素质较高，市场意识和竞争意识较强，能够适时地进行自我调整。同时，敢于竞争，奋发向上，喜欢快节奏、高压力的工作环境。

科技型企业要通过经常性地开展各种科技攻关、科技竞赛、销售竞赛、座谈交流以及富有活力和朝气的娱乐活动来体现企业文化的价值。

（4）"参与型"企业文化

企业要营造一种民主和谐的管理氛围，让员工参与到企业管理当中，充分发挥员工的聪明才智，调动员工的积极性，实行自我管理。

"参与型"企业文化建设的核心是放权管理，即大多数管理决策是由下层管理者或员工自己做出，下属有较大自由度，企业决策者愿意吸取并注意采纳下属意见。事实证明，"参与型"企业文化能够促进企业形成高度的团队精神，减少决策失误，保证企业持续平稳地发展。

当然，企业文化内涵丰富，外延广泛，没有所谓的统一模式可言，即使是在同一文化模式之下，也可以包含不同的内容。企业在建设企业文化时不要搞一刀切，更不要搞文化"复制"，必须结合企业的实际情况进行。

2. 如何培育企业文化

现代企业的发展要求企业经营理念要强调对于社会的责任感和使命感，企业要从唯利是图中解脱出来，努力贡献社会，建立具有远见性的经营意识和价值观，这样才能树立良好的企业形象，得到更多的回报。

（1）立足创新，塑造个性

企业必须根据知识经济发展的要求，立足创新，塑造个性，致力于营造富于创新意识和鼓励尝试风险的企业文化环境。个性是中小企业生存的根本，没有个性的中小企业是无法生存的，这就是市场竞争的残酷法则。未来要想在激烈的市场竞争中生存并获得更大的发展，必须根据市场变化的情况和中小企业的经营特点，重新构造企业竞争力，形成企业自身的独特个性，走现代企业的个性化发展道路。

（2）以人为本，个人与企业同步发展

企业文化的本质内涵是"以人为本"，要通过一系列的激励机制，充分调动员工的积极性，把人的潜力发挥到极致，使追求企业发展与个人发展相一致。以柳传志的话说就是：以人为本，把员工的个人追求融入到企业的长远发展之中。

（3）志存高远，树立战略意识

不管企业的起点如何之低，企业战略就是企业由小到大的发展过程中必经的桥梁。市场经济是充满挑战性的，置身其中的企业家有一定的投机心态是正常的，但我们要坚决警惕的是将无数企业引向灾难的过度投机心理，通过制定和贯彻企业发展战略使企业在长时间内立于不败之地。

（4）促进企业人才的成长

第一，培育优秀企业家。企业家是最宝贵的人才，是真正"以企业为家"的人。所有经营好的企业，必然拥有真正的企业家。

第二，吸引人才。中小企业竞争力低，能来工作的人才都具有风险意识和开拓精神。文化将人才的个人价值取向与企业文化价值系统协调统一，为人才提供充分发挥才能的理想场所。

第三，培养人才。员工接受企业历史传统、理念（价值观），形成约束行为的规范，并在得到提拔与重视中激发自身的积极性和创造性。

（5）凝聚整体资源力量

企业文化雏形可能来自于企业家某种直觉，形成指导和约束员工的成文或不成文的条例规范。在逐渐对企业员工有意或无意地进行灌输的过程中，这些文化因子融入到企业管理行为中，形成企业独特的价值观和精神等，表现为一种凝聚力推动企业高速发展。同时，由于员工来源、生活经历、文化素质、工作性质等差异，决定了企业成员价值取向各不相同。企业文化要通过融合员工价值实现同质化，与企业制度创新对接。

附1：

企业文化能力调查表

只要是面向企业成员的调查，调查内容涉及企业成员对经营理念、价值观、企业文化体系、员工行为规划、企业视觉传递、企业文化活动、员工凝聚力、工作满意度等方面的调查，以了解企业成员对组织的认可程度。通过调查，可以掌握影响企业文化发展的因素，以便更有效地凝聚员工的向心力，从而推动企业文化健康成长。

这里有40道问题，每题10分，在每题后填写符合自己企业实际情况的分数（见表4-1）。

表4-1 　　　　　　　　　　企业文化能力调查

序号	问　　题	分数
1	公司对未来有清晰的远景目标并努力实行	
2	公司有明确而且有可操作性的战略实施步骤（比如，在哪个行业发展，短、中、长期的发展目标）	
3	公司有专门机构负责战略的实施并时刻进行监督、修正	
4	公司有明确的使命并且该使命能够激励人心（例如，麦当劳的使命是"为全球人士提供他们付得起钱的优质食品、优质服务"）	

序号	问　题	分数
5	公司有自己明确的价值观，明确规定管理规划和成员行为规范（例如，"我们中的每个人都不比整个集团更聪明"；"客户是我们做一切事的核心"）	
6	公司核心团队能以身作则，用实际行动体现核心价值观	
7	公司工作体现了团队合作精神	
8	公司鼓励创新	
9	你和公司同事相处得很融洽	
10	公司成员是因为工作而发生冲突，并不是个人之间的矛盾	
11	你对工作环境很满意	
12	你的工作能够得到别人的尊重	
13	您目前的工作能体现个人价值，发挥个人潜能	
14	你愿意长期留在企业工作并愿意同企业共进退	
15	公司的信息渠道通畅，领导可以很快指导基层所发生的事情，基层也能很快知道领导层的决策	
16	如果你有对公司发展有用的建议，你可以提出来并可以很快得到回答；你对公司有不满的地方也可以有受理的部门，并且很快得到解决	
17	企业内机制或程序能够确保内部成员与外部之间的信息交流畅通无阻；重要的市场趋势能够迅速被识破并传递到企业内部相关人员那里以采取行动	
18	你在工作或生活中遇到的难题会提出来与您的同事、上级讨论	
19	在你的公司中，企业的管理人员是否经常谈论企业的发展战略和发展模式，是否经常谈论企业的行为方式和经营策略	
20	公司将自己的企业精神、发展宗旨、行为准则、规章制度等广为宣传，大力鼓励、支持全体员工遵守和贯彻执行，使之付诸于日常工作和生活中	
21	公司将有关自己的定位的信息通过市场营销、广告和其他方式向外传播	

 系统运营官

续 表

序号	问　　题	分数
22	公司对外传播的网络信息健全，保持和新闻媒体的联系，有适当的形象发布会和形象宣传以及相关的公关活动来推动公司的形象建设	
23	你公司在公关活动中，很注意对自己形象的宣传	
24	你公司有自己的企业标志、标准字、标准色，标准的公文纸、交通工具上都有公司的标志	
25	在你的公司产品宣传中，公司更注重对产品内涵的宣传，以增加其附加值（例如，奔驰汽车，成功者的标志；茅台酒，中国魂）	
26	公司所有权清晰，一个有利于公司发展的决策能很快在公司得到推行，而不会因产权问题得不到执行	
27	公司的管理制度健全，并且都能得到执行	
28	工作上的决策由真正做这项工作的人做出，尽可能共享信息，进行相互交流，避免组织结构重叠、效力低下	
29	你公司的管理制度和公司的发展方向相一致，管理制度科学合理，又有相当的弹性，能留给管理人员个人能力表现的空间	
30	公司的战略计划及相关的行动计划由一个全部核心成员出席的集体共同制定，而不是某个人	
31	公司业务流程清晰，每一项工作都会有人来处理，不会出现扯皮现象	
32	公司的绩效评估能够反映员工的真正成绩	
33	公司的薪酬能偶反映员工的实际能力	
34	员工能够提供较多的发展空间	
35	员工的提拔或升迁是由员工的实际能力决定的	
36	公司为员工提供良好的福利待遇	
37	公司领导为人处世很公平，不会有太多的个人主观意见	
38	你觉得领导的工作很有成绩并令人鼓舞	
39	你的领导能够很亲切地和员工进行交谈	
40	领导没有官僚作风	

附2：

组织承诺量表

在企业文化调查表（见附1）中，组织承诺量表，已被广泛应用于企业文化能力的调查表之中。该组织承诺量表从三个构面分析组织个体（企业成员）对组织的认同感和使命感，系指个体对于组织的认同感、使命感、归属感等感情性的态度反应，并愿意内化组织的目标、价值与规范，因而投身于组织的活动，实现其共同的理想，包含组织认同、努力意愿及留职意愿等构面，如表4-2所示。

表4-2　　　　　　　　　　组织承诺量

1—"非常不同意"；2—"不同意"；3—"很难说"；4—"同意"；5—"非常同意"

序号	承诺内容	1	2	3	4	5
1	在日后的工作生涯中，我都乐意在我目前的单位工作	◎	◎	◎	◎	◎
2	我觉得单位的问题就是我的问题	◎	◎	◎	◎	◎
3	我的单位让我有很强的归属感	◎	◎	◎	◎	◎
4	我觉得我有义务必须留下来为单位工作	◎	◎	◎	◎	◎
5	我在单位里，感觉就像是大家庭里的一分子	◎	◎	◎	◎	◎
6	我现在不会离开我的单位，因为我觉得对单位同事有道义责任	◎	◎	◎	◎	◎
7	目前来说，留在这家单位是为了生活上的需要	◎	◎	◎	◎	◎
8	就算我心里想离开这家单位，但实在是不太容易走掉	◎	◎	◎	◎	◎
9	如果我现在离开这家单位，将会打乱我目前的生活	◎	◎	◎	◎	◎
10	如果我现在离开这家单位，我会觉得愧疚	◎	◎	◎	◎	◎
11	如果不是已经在这家单位付出太多的心力，我可能会考虑换工作	◎	◎	◎	◎	◎
12	离开这家单位，可能几乎没有别的工作机会供我选择	◎	◎	◎	◎	◎
13	对单位里的人和事，我都有深厚的感情	◎	◎	◎	◎	◎

续　表

序号	承诺内容	1	2	3	4	5
14	即使对我有利，我也不觉得现在离开目前的单位是对的	◎	◎	◎	◎	◎
15	目前的单位值得我对它忠诚	◎	◎	◎	◎	◎
16	如果离开这家单位，我几乎没有别的退路	◎	◎	◎	◎	◎
17	我觉得我的单位对我来说意义非凡	◎	◎	◎	◎	◎
18	我觉得我的单位有恩于我	◎	◎	◎	◎	◎

员工对组织的忠诚度高低，可以借助表4-3来检测。

表4-3　　　　　　　　组织忠诚度检查

序号	描　述	非常同意	同意	没意见	不同意	非常不同意
1	善尽工作职责，分内工作不敷衍了事					
2	上班不迟到不早退					
3	不泄露公司机密					
4	自动加班					
5	维护公司形象					
6	不浪费公司资源					
7	主动对组织提出意见					
8	不轻易离职或跳槽					
9	配合公司政策及变革					
10	遵守公司的各项规定					
11	当外界有不利于组织的言论时会挺身而出解释					
12	宣传或推销公司的优点					
13	他人面前加强组织的正面印象					
14	努力创造业绩					

续　表

序号	描　述	非常同意	同意	没意见	不同意	非常不同意
15	认同公司文化					
16	严谨认真的工作态度					
17	不公务私用					
18	注意与企业相关的信息，提供给企业参考					
19	把此企业当成是自己的事业般的照顾					
20	爱用公司出产的产品					
21	与同事互动良好					
22	能主动发现自己业务上的问题					
23	主动改善工作流程，使其更顺利					
24	会站在公司的立场，与交易对手竞争对公司有利的条件					
25	当公司目标与个人目标有冲突时，愿牺牲个人目标完成公司目标					
26	遇到困难时，自动减薪					
27	参与公司所举办的活动					
28	乐于穿着公司制服					
29	认同组织的目标愿景					
30	协助同事完成工作					
31	引荐亲友进入公司					
32	自我充实以提升工作业绩					
33	团队合作					
34	当公司面临困难时，贡献力量					
35	以公司为荣					
36	检举同人不利公司的行为					
37	维持气氛的和谐					

续　表

序号	描　　述	非常 同意	同意	没意见	不同意	非常 不同意
38	任务需要时，愿意牺牲个人时间，全力以赴					
39	不轻易请假					
40	听从上级指挥					
41	协助新进同人					
42	在家庭与公司的重要性取舍中，以公司为优先					
43	调解同人间的纷争					
44	不在上班时做私人事务					
45	保持工作热忱					
	小计					
	总计					

表 4 - 3 计分方式采用 Likert（李克特量表，又称五点计分法），同意程度区分为：非常同意、同意、没意见、不同意及非常不同意五个等级，依其情况分别给予 5 分到 1 分之计分方式，分数越高者，代表其组织忠诚度越高。反之，亦然。

🌐 小提示

　　企业文化在本质上是企业通过价值观念和精神要素来统一员工思想，指导员工行为，增强企业凝聚力，推动企业发展的。不同的企业有不同的文化模式，企业应根据自身特点来建设自己的文化模式。

文化的三种形式

1. 马文化——简单、专注、勤奋

每个企业的文化是不一样的，跟你所在的行业有关系。

有的行业是马文化，就是马的文化，有的行业是狼的文化，有的行业是鹰的文化，所以行业不同，文化的特点也不同。比如，医院就是马文化。马是什么文化？就是任劳任怨、勇于付出的文化，服务的文化，勤奋的文化。鹰文化，是那些做工程的需要具备的文化，就是要权威，要专家。

我们经常把人才比喻成"千里马"，把特殊的人才比喻成"黑马"。可见"马"是比较重要的。如果企业想要事业马到成功，必须从现在起搞"马性文化"，让所有员工学习马的高贵品质与卓越精神，与企业一起同甘共苦、同心同德、同舟共济。

"马性文化"的提出是根据马的生活习性总结出来的理论与哲学。具体有以下几个习性。

（1）执行力很强

马懂得顺从，知道如何去节制自己的烈性，不但服从主人的操纵，还会揣测主人的意愿。它可以依据主人的面部表情，来决定自己是快跑还是缓行或者是止步。它能迎合主人的意愿，用敏捷而准确的动作来表达和执行主人的意旨。这种能把上司的意图贯彻到位的执行力，正是企业高管所强调与追求的。

企业需要执行力，把企业的目标有条不紊地落实到位。所以，企业可以借鉴"马性文化"的执行力，让员工学习马一样的执行力，更好地为企业服务。

（2）甘于奉献，从无怨言

现在有些企业员工，只要工作稍微累点，就怨声载道。只知比条件，比待遇，却不知道比奉献与比贡献。从不去思考自己为企业创造了多大的

价值，创收了多少利润。

马就不同！它们在劳动时是披鞍戴辔的，有时嘴巴被衔铁嚼子勒得变形，腹侧布满疮痍，还有被马刺刮出的痕迹，马蹄被掌钉洞穿，但它们从不抱怨。由于马儿甘于奉献，任劳任怨，所以，企业可以借鉴"马性文化"的奉献精神。

（3）有归属感与和平共处风格

马喜欢享受与体验群居生活，喜欢融入团队，归属感很强。企业并不需要员工们独树一帜，而需要员工们能加入团队，跟团队成员搞好人际关系，进行团队协同作战，把工作完成得更好。精诚团结是马的个性，企业更需要员工的精诚团结，而不是相互拆台。

马喜欢和各种动物和平共处，尽管它们的力量与体型比其他动物强大得多，但是它们从不攻击其他动物。如果碰到袭击它们的动物，它们只是把侵犯者赶跑，而不屑于与其他动物厮杀。企业在面对竞争对手时，如果整天想方设法置对手于死地，自己有一天也会奄奄一息。所以，企业可以借鉴"马性文化"的归属感与和平共处精神。

（4）良性竞争品质

马不但具有合群的品质与温和的习性，还喜欢竞争。在竞赛中，马总是努力奔跑，它们只想跑第一名，而不想成为倒数第一名。在竞争中不会嫉妒对手，更不会用阴谋诡计算计对手，只会老老实实地竞争，凭实力说话；它们就算面对死亡，也绝不会退缩，而是奋勇向前。所以，企业可以借鉴"马性文化"的良性竞争品质。

（5）忠诚

马儿在还是野马时，会自由自在、无拘无束地驰骋在草原上。但是当它碰到了主人，并且服气这个主人的时候，它就会对主人忠心耿耿。它们会遵照主人的意思，驮着主人前进，一直到累死。

企业花大量的金钱培训员工，员工们翅膀硬了，对企业不满了。他们就会频繁跳槽。企业以前对员工的大量金钱投入，都"打水漂"了。有些企业家说，好不容易培养一个人才出来，哪知道他又飞了，等于是为其他企业做嫁衣。因此，强调员工们对企业忠诚非常重要。

2. 狼文化——挑战、突破、竞争

狼性文化，顾名思义，是企业文化中一枝独秀的创举，是一种带有野性的拼搏精神。团队推崇提倡的狼性文化，即是指这种推进团队发展，为社会和人类创造效益的非凡的潜能，这种潜能释放出来的拼搏精神。

狼性具有四大特点："贪""残""野""暴"。在团队文化中得以再现，那就是对工作、对事业要有"贪性"，无止境地去拼搏、探索；狼性文化中的"残"用在工作中，便是指对待工作中的困难要一个个地、毫不留情地把它们克服掉、消灭掉；狼性文化中的"野"，便指这种在工作中、事业开拓中不要命的拼搏精神；狼性文化中的"暴"则是指在工作的逆境中，要粗暴地对待一个又一个难关，不能对难关仁慈。

一个团队要发展，没有贪、残、野、暴的精神是不行的。如今的时代，是一个竞争的时代，只有在竞争中才能推动社会经济的发展。那么，没有这种"贪、残、野、暴"，在残酷的企业竞争中就会被撞得头破血流，败下阵来。因此，团队推崇提倡的狼性文化，就是要在浪尖上求生存，浪谷中图发展。也只有这种狼性团队文化，才能在竞争中生存、发展、立于不败之地。

华为公司就是实践"狼性文化"的典型，是其"始作俑者"。

华为老总任正非44岁创办深圳华为技术有限公司（以下简称华为），其前40多年沉淀的力量仿佛一下子爆发出来，艰难创业、积蓄力量、冲击市场、夺取份额……他带领华为如"土狼"般一路"狂奔"，张扬"狼"性，内紧外松，所向披靡，无往不胜。

此间，华为上下崇尚的是"床垫文化"，即为了像"狼"一样瞅准目标搏击市场抢占先机，每个员工都配发有一只床垫供加班时使用，随时可以在办公室睡地铺。华为一直奉行高强度劳动，曾经一直是6天工作制，最后改为5天半，后来是两周一大休一周一小休，最后是一个月有一周是6天。

在华为，只要是本科毕业，年薪起点就在10万元，这是招应届大学生的标准（从社会上特招来的更高），至于工作年薪一两年后达到20万元以上是很轻松的事。近两年，内部股改为期权后，新来的员工收入要少一些，但达到年薪15万元也不是难事。在华为，年收入在50万元以上的以千人计，年收入在100万元以上的以百人计。

狼群的凝聚力、团队精神和训练成为决定它们生死存亡的决定性因素。正因为此，狼群很少真正受到其他动物的威胁。狼驾驭变化的能力使它们成为地球上生命力最顽强的动物之一。

①合作：狼过着群居生活，一般七匹为一群，每一匹都要为群体的繁荣与发展承担一份责任。

②团结：狼与狼之间的默契配合成为狼成功的决定性因素。不管做任何事情，它们总能依靠团体的力量去完成。

③耐力：敏锐的观察力、专一的目标、默契的配合、好奇心、注意细节以及锲而不舍的耐心使狼总能获得成功。

④执着：狼的态度很单纯，那就是对成功坚定不移地向往。

⑤拼搏：在狼的生命中，没有什么可以替代锲而不舍的精神，正因为它才使得狼千辛万苦地生存下来。狼驾驭变化的能力使它们成为地球上生命力最顽强的动物之一。

⑥和谐共生：为了生存，狼一直保持着与自然环境和谐共生的关系，不参与无谓的纷争与冲突。

今天团队之所以推崇提倡狼性文化，蕴含深意：团队的力量，团队的配合是团队深层的宗旨！其目的如下。

①发扬"狼贪精神"。对工作和事业孜孜不倦地追求。

②发扬"狼残精神"。对事业中的困难，毫不留情地攻克之。

③发扬"狼野精神"。突发野劲，在事业的道路上奋力拼搏。

④发扬"狼暴精神"。在追求事业成功的过程中，对一切难关不仁慈手软，努力攻克。

⑤发扬"狼性目标精神"。在事业确定目标后，锲而不舍，不达目的决不罢休。

⑥发扬"狼纪精神"。加强组织纪律性，为事业的成功奠定基础。

⑦发扬"狼智精神"。将智慧策略充分运用到事业上，而不是用在歪门邪道上。

⑧发扬"狼性自我献身精神"。对困难要勇于克服，对事业要无私奉献。

⑨发扬"狼性团队精神"。互助合作，配合协调，纵横团结一致，去夺取事业的胜利。

3. 鹰文化——专业、资深、权威

我们知道，在自然界，一窝小鹰的存活率很低，这可能与老鹰的喂食习惯有关。老鹰一次生下四五只小鹰，由于它们的巢穴很高，所以猎捕回来的食物一次只能喂食一只小鹰，而老鹰的喂食方式并不是依平等的原则，而是哪一只小鹰抢得凶就给谁吃。在此情况下，瘦弱的小鹰吃不到食物就只能被饿死，最凶狠的鹰便存活了下来，如此代代相传，老鹰一族越来越强壮。

这个故事告诉我们，"公平"不能成为市场中的公认原则，市场这个"鹰妈妈"不会有那么多的慈爱，它不会喂饱了老大，再喂老二……最后喂老幺。每个如鹰一样的企业，要想生存下去，必须要有勇猛的精神，否则只能耽误了进化，在竞争的环境中遭到自然的淘汰。

具有鹰文化的企业氛围是结果导向型的组织，领导以推动者和出奇制胜的竞争者形象出现，企业靠强调胜出来凝聚员工，企业的成功也就意味着高市场份额和拥有市场领先地位。这类公司以联想、伊利、TCL、平安、光明、春兰、喜之郎等公司为代表。

案例一：

联想文化是典型的目标导向。柳传志时期，以强力执行，极大地支持了以客户为中心的目标导向；以出奇制胜的创新，实现了企业绩效和市场

份额的高增长。

当杨元庆从柳传志手中接过"联想未来"的旗帜后，虽然联想文化在不断调整，但管理风格始终建筑在绩效导向的基础上，仍然是以做到一个目标再奔向另一个目标的扑捕动作，去获取要跳一下才够得着的高目标。联想最根本的东西没有丢——从大处看世界，对自身永不满足，不断进取。

案例二：

伊利内部一直在代代相传着一个关于狮子和羚羊赛跑的寓言：羚羊跑得慢就会被吃掉，狮子跑得慢就没吃的，这就是优胜劣汰的自然法则。就这样，总裁潘刚率领伊利，主动承担开拓市场、培养和引导消费者、普及牛奶及营养知识的行业排头责任，实施二三线市场下沉战略和织网战略，经过两年多大量的基础性工作，伊利在消费者中的品牌价值大大提升。

案例三：

TCL（公司名）的企业宗旨是"为顾客创造价值，为员工创造机会，为社会创造效益"。其中，"为顾客创造价值"是重点。公司开会，业绩好的单位代表会自动坐在前面，业绩不好的单位代表也会自动地坐在后排。公司鼓励内部创业和企业家精神，从李东生到吴仕宏、杨伟强、万明坚……尽管一路走来磕磕碰碰，总不免有些失败，但每个人及其背后的团队都曾经为 TCL 的成长树起过强劲的支柱产业。

鹰文化是什么？是做大客户开发的，是专业、资深、权威。有的公司谈一个单子，就需要几百万元、上千万元，这种公司就是鹰文化。

"鹰文化"的内涵博大精深，急流而上、自强不息的凶猛精神，就是"鹰文化"的一个特征。"鹰文化"倡导讲业绩、讲效率、讲贡献，一切用业绩说话。每个人的工作都应围绕经营业绩的提高来进行，有系统、有计划、有重点地操作；要形成讲求工作实效，以业绩论英雄，真心实意为企业作贡献的浓郁氛围。

市场如战场，竞争即战争，优胜劣汰，适者生存的法则是无情的。

"两军对阵智者胜，狭路相逢勇者胜"，要想在市场上立住脚、在竞争中成为胜者，要想有所作为，必须既是智者，又是勇者。

所谓智者，就是要全情投入，时刻牢记"逆水行舟，不进则退"的道理，以科学的思路去工作。思路就是在头脑中预演战斗，预则立，思则成。无论是经营企业还是开拓市场，必须思路清晰、头脑灵活，对于市场行情、行业动态、消费者心态、自身的优劣等了如指掌，做到有的放矢，百战不殆。

所谓勇者，就是要"以身相许"，摒弃私心杂念，全身心地投入到创造非凡业绩的行动中去。业绩是干出来的，坐而论道行不通，只能干而论道。干就要有饱满的热情、拼命的劲头，要想做到这些，必须"把企业当家业，把职业当事业"，毫不松懈，有一种所向披靡、战无不胜的气势。

🌐 小提示

文化一共有三种类型，企业要根据自己的行业来选择自己的文化。文化的三种形式：马文化的特点是简单、专注、勤奋；狼文化则是喜欢挑战、突破、竞争。马文化适合什么行业？服务业。所以，公司文化的引导很重要。

第五章
凭什么激活人才：机制力

有人说，80 后是

颓废的一代，

懒惰的一代，

自私的一代，

叛逆的一代，

享乐的一代，

浮躁的一代，

迷茫的一代，

任性的一代，

自我的一代。

作为一个企业的经营者，我们要善于设计企业的机制。

机制是用于激活人才的，

好的机制把坏人变成好人，

好的机制会把懒惰的人变得勤快。

善用机制你会发现：

80 后是

进取的一代，

独立的一代，

创新的一代，

奋斗的一代。

PK 机制

公司"PK"（挑战）的目的就是通过各种形式的"PK"活动来挖掘员工的潜能，让员工发自内心地去主动工作。

> 很多企业都有这样一种情况：公司有个人叫小王，同时有个人叫小张，小王和小张同时进入公司，比如，第一个月，小王的销售业绩是 10 万元，小张的销售业绩也是 10 万元。一个月之后，小王变成了 20 万元，小张还是 10 万元。第三个月小王可能变成了 50 万元，而小张还是 10 万元。

在一家公司里面，有些人是必须要去激励的，有的人不用别人管他他也能做得很好，顶尖的销售高手一般都有着非常强的内心驱动力，普通员工则是需要被激励的。通常情况下，企业中，需要被激励的员工往往占大部分；不用别人激励的人、自己内心有驱动力的人，往往是少数，所以，公司就要设计一种方式激励他们。当然，最好的方式就是让小王和小张进行比赛，比赛之后让输的一方向赢得一方去支付 PK。

PK 的目的就是最大限度地激发一个人的潜能，就是要用结果去证明一切，一个人的结果是不会骗人的，尊严一定是来自于实力。

一个人在企业，一个人的业绩也是不会骗人的。在我们公司，员工都非常简单，有业绩才会有话语权，没有业绩是没有话语权的。我们公司定期会开启动会，这时候，我们就会请一些优秀的员工进行分享，优秀员工一定是 PK 赢的，PK 输的人是没有资格去分享的。我们就是要通过 PK 的方式打造员工的荣誉感，让弱者通过 PK 的方式慢慢变成强者，同时也让强者变得更强，所以企业一定要导入这种 PK 机制。

那么，企业如何实施 PK 机制呢？

第一，如果采用 PK 机制，指标一定是单一的，否则会很难去衡量。

第二，要明确奖惩的办法，PK 赢的一方要有奖励，PK 输的那一方要

有惩罚。

……

PK 机制充分利用了人性中争强好胜的一面，实现了企业销售业绩的增长。

每家企业都有自己独有的文化，在创成有一种文化就是 PK 的文化。

1. PK 的目的

"PK"的目的就是通过各种形式的"PK"活动来挖掘员工的潜能，让员工发自内心地去主动工作！

2. PK 的理解

PK 文化是让所有员工的能力用结果去证明！

PK 文化是小肉鸡敢于做金凤凰！

PK 文化是敢于比赛，敢于挑战！

PK 是让强者更强，弱者变强的过程！

PK 是让伙伴参与竞争并关注荣誉！

PK 的核心不在于输赢而在于成长！

3. "PK"活动的适用范围

在公司日常管理活动中，只要目标确定量化后，就可以导入"PK"竞争文化，采用各种形式进行"PK"。

4. PK 的流程

PK 通常要经历这样一个流程：

设立团队目标和个人目标—确定责任人—明确 PK 考核指标—营造 PK 氛围，召开启动会—进行 PK—PK 兑现，召开总结会。

5. PK 的四个条件

采用 PK 机制，通常要具备以下四个条件。

（1）PK 规则要简单

①单一指标，以数字为准尽可能量。通常来说，单一指标指会对公司业绩起到作用的关键指标，如销售额、增长率、客户数、生产量等。

②要有 PK 合同、日期与 PK 指标。

（2）PK 要有奖励

要有明确的奖励，奖励兑现要及时。

（3）PK 条件要公平

参加 PK 的人的条件要对等，应相对公平。

（4）PK 周期适当

①周期不宜太长，如基层以周或月为主，中层以月度或季度为主，高层以月度或季度为主。

②项目周期长的可分解。

6. PK 的方式

（1）正 PK

正 PK 是业绩低的人挑战业绩高的人。

（2）反 PK

反 PK 是指业绩高的人挑战业绩低的人。

（3）团队 PK 或抱团 PK

（4）对赌式 PK

7. PK 机制建立

（1）建立 PK 文化

要想把团伙变成团队，在日常管理工作过程中可以采用任何比赛的方式进行，一旦开展工作，立即启动 PK 按钮，组织员工与员工之间、团队与团队之间进行 PK，来挖掘员工个人的潜能，激发团队执行的原动力，具体操作方式如下。

①定期组织员工演讲或读书比赛；

②行政事项考核（如行为规范、迟到、早退、请假等）；

③六常执行；

④业绩比赛；

⑤技能比赛；

⑥一切主动采取的有利于团队或其他部门或个人的服务支持行为，都可以为团队或个人加分；

⑦其他比赛形式。

（2）营造PK氛围

①定期公布销售业绩、关键指标完成情况等。

每天、每周进行不断公布，上看板。

②标语激励，制作和张贴各种标语口号。

例如：

千斤万担人人挑，人人头上有指标；你追我赶争冠军，欢天喜地创佳绩。

目标刻在钢板上，方法写在沙滩上；春风吹，战鼓擂，我是冠军我怕谁。

昨日之我已死，今日之我重生；有业绩请讲话，没有业绩请闭嘴。

③PK启动大会召开；

做好预热工作，做好培训和引导工作，抓好管理人员和重点岗位员工。

④晨会宣传，晚会总结；

领导的两个永恒的话题：感恩和业绩，部门、班组、团队负责人要不断地进行引导和灌输，围绕PK目标进行每日宣传和总结。

⑤总结会；

总结分为部门总结、班组总结、小组总结、个人自我总结，每月进行总结、每周进行绩效总结。

⑥心理激励。

冠军情结，感恩思想的不断引导。

（3）如何实现PK风险逆转

①"PK"的结果是次要的，重要的是一旦启动了"PK"竞赛，就像启动了"PK"的发动机，源源不断地输出动力。

②让公司和员工双方都处于风险中，管理者先冒最大的风险。让员工启动"PK"后，其实我们就没有风险了。

③管理中将员工完不成工作任务就扣款或处罚转变为员工完成任务后

将受到怎样的奖励，让员工链接快乐，想象美好的感觉。

④作为管理者，执行过程中多讲奖励。

（4）选定 PK 种子选手

①找到第一名，主动要求与其号召：谁敢与我争锋。

②说服第一名，赢少输多。

③找出公司最具代表性的人物，安排其相互进行 PK，并要求其他员工买码，不自觉地参与到 PK 中来。

④说服业绩的最后三名，挑战业绩的前三名。

⑤一把手亲自参与 PK，与全公司 PK。

（5）召开启动会表彰会

①会议前准备工作要充分，提前大张旗鼓宣传造势，形式化要隆重。

②会议召开的整个流程设计要合理、紧凑。

③会议主持人和主讲人要反复演练，说话要有话术，主持人对会议流程要熟练掌握。

④会中音乐配合要默契，其他辅助工作要分工好。

⑤奖励，由 PK 输家颁发给 PK 赢家。

⑥对赢的人大肆褒奖，荣誉、掌声、鲜花，表扬一次终生难忘。

⑦主讲人要对下一次 PK 进行其价值塑造。

⑧不断要求种子选手 PK 挑战，号召更多的人参与。

（6）形成 PK 习惯

①天天 PK。

具体操作：士气鼓舞；舞蹈；业绩；成长。

②每周 PK。

具体操作：业绩；士气鼓舞。

③每月 PK。

具体操作：业绩；业绩；业绩。

8. PK 流程实施

①出通知，宣传造势，颁布制度，广而告之。

制度包含：PK 的关键考核指标、奖励计划、薪酬办法、考核周期、人员与部门、裁判或考核人员等。

②召开 PK 动员大会。

③每天短信、早会、晚会激励和总结。

④定期改进比赛方法，修订工作技能。

⑤召开奖励大会。

⑥视觉化内容：照片、榜样、冠军。

小提示

优秀员工一定是 PK 赢的才有资格做分享，PK 输的人是没有资格去分享的，我们要通过 PK 的方式打造员工的荣誉感。PK 的过程是让弱者通过 PK 的方式慢慢变成强者的过程，也是让强者变得越强的过程，所以，一个企业一定要导入这种 PK 的机制。

奖惩机制

要想执行有力，必须措施有力；要想措施有力，必须检查有力；要想检查有力，必须奖惩有力。你是否赏罚分明，让人们对公司作出更大的贡献或只造成很小的损害。诸葛亮的《出师表》大家还记得吗，一个公司到最后只有两件事：赏、罚，让一个公司很有士气，有功从下面开始，有过从上面开始，很少有公司能够做到这一点。

三国时期的刘备，没有什么大的本事，可是他有一个非常好的优点，每次诸葛亮、关羽做错了事，他马上跳出来说此乃寡人之过也。

1. 该怎么奖，该怎么惩

该怎么奖，该怎么惩，看起来也很简单。很多管理者粗浅地认为：奖不就是加工资，惩就是降工资。然而，事情并非想象中的那么简单，因为"该怎么奖，该怎么惩"搞不好反而会适得其反。那么，如何做好"该怎么奖，该怎么惩?"我认为要做好以下两点：一是奖惩的方式，二是奖惩的尺度。

一般说来，奖惩的方式包括物质与精神两个方面，物质方面主要有工资升降、奖金分配、福利分配、职位升降、经济处罚等；精神方面主要有职位定位、评先进、通报表扬、非正式表扬与体现成就感、社会地位等。而奖惩的尺度则应该在不同的时期，制定不同但是却有连贯性和企业特性的方案来执行（也就是理论上的薪酬福利管理、晋升机制、奖惩机制、激励机制、职业生涯规划、企业文化等）。

谁应该奖，谁应该罚呢？所以，首先"要定出工作的目标，要明确业绩的标准"，否则就很难评价谁应该奖、谁应该罚。

"要定出工作的目标，要明确业绩的标准"，这句话看起来简单，做起来却不简单，它必须明确企业的目标，并能够将这些目标分解到每个人（也就是时兴的目标管理与职务分析），还必须明确每个岗位的工作标准（也就是考核标准与考核方法）。

领导者必须认识到"罚"的目的是为了"不罚"，不罚才是我们真正希望看到的成果。其实，奖惩是一门艺术，那要如何更好地做好奖惩呢？奖励要有诱惑力，人的动力才会大，因此，就奖励员工此刻最需要的。比如说，某员工若这次业绩做好，他将得到他梦寐已久的手机一部，如果超越业绩30%以上奖励笔记本电脑一台。相对地，惩罚的力度越大，惩罚才能见到效果，但是又不能将人罚走，因此，惩罚必须是员工最不擅长的、最害怕的。奖励的重点字是荣誉，而惩罚的重点字是耻辱。

奖励前要了解员工最想要什么，做需求调查。

处罚前要了解员工最害怕什么，做痛苦项目和指数调查。

2. 重视物质奖励，更要重视精神奖励

美国社会心理学家、比较心理学家、人本主义心理学家的主要创建者之一马斯洛，在1954年出版的《动机与个性》一书中，发表了人的需求层次理论，包括生理需求、安全需求、社交需求、尊重需求、自我实现需求。无论是谁都离不开这五个层次的需求，基本上现代人都处于第四到第五需求层次——尊重需求和自我实现需求（见下图）。

人这一辈子都在寻找重要感。管理就是管成就感。针对人们的需求，

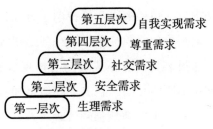

第五层次 — 自我实现需求
第四层次 — 尊重需求
第三层次 — 社交需求
第二层次 — 安全需求
第一层次 — 生理需求

马斯洛的需要层次理论

我们再来做分析激励方式。

（1）物质激励

①物质激励的注意事项

A. 物质激励应与相应制度结合起来。制度是目标实现的保障，因此，物质激励效应的实现也要靠相应制度的保障。

B. 企业应通过建立一套制度，创造一种氛围，以减少不必要的内耗，使组织成员都能以最佳的效率为实现组织的目标多作贡献。

C. 物质激励必须公正，但不搞"平均主义"。

②物质激励的模式

由于物质需求是人类的第一需要，也是基本需求，所以，物质激励是激励的主要模式。

A. 阶梯式分配法：让强者可以多劳多得，保护优秀人才的利益。

B. 进阶式分配法：将员工分配为三个级别。

（2）精神激励

精神激励即内在激励，是指精神方面的无形激励，包括向员工授权、对他们的工作绩效的认可，公平、公开的晋升制度，提供学习和发展、进一步提升自己的机会，实行灵活多样的弹性工作时间制度以及制定适合每个人特点的职业生涯发展道路等。

①口头激励。给予对方更多的赞美鼓励。

②荣誉激励。荣誉激励是一种中级的激励手段，它主要是把工作成绩与晋升、提升、选模范、评先进联系起来，以一定的形式或名义标定下来。主要的方法是表扬、奖励、经验介绍等。

荣誉可以成为不断鞭策荣誉获得者努力和发扬成绩的力量，还可以对其他人产生感召力，激发"比、学、赶、超"的动力，从而产生较好的激励效果。

美国 IBM 公司有一个"百分之百俱乐部"，当公司员工完成自身的年度任务，他就被批准为该俱乐部会员，他和他的家人会被邀请参加隆重的聚会。结果，公司的雇员都将获得"百分之百俱乐部"会员资格作为第一目标，以获取那份光荣。

对于员工不要太吝啬一些头衔、名号。

日本电气公司在一部分管理职务中实行"自由职衔制"，就是说可以自由加职衔，取消"代部长、代理""产品经理"等与业务内容相关的、可以自由加予的头衔。

如何进行荣誉激励？有以下几点要求：

A. 满足员工的自尊需要；

B. 对员工的贡献公开表示承认；

C. 不要吝啬头衔和名号。

荣誉激励的具体措施有：

A. 开展优秀员工的评比活动；

B. 给予员工非业绩性竞争荣誉；

C. 颁发内部证书或聘书；

D. 借助荣誉墙和企业年鉴来激励员工；

E. 以员工的名字命名某项失误；

F. 进行奖励旅游；

G. 对后进员工进行荣誉激励。

③晋升激励。晋升激励就是企业领导将员工从低一级的职位提升到新的更高的职务，同时赋予与新职务一致的责、权、利的过程。

A. 规范晋升途径。为每一个员工指明他所在的岗位应该朝哪个方面晋

升。这个晋升不是指个人的晋升，而是指这个岗位未来的晋升方向。如业务员晋升途径为实习业务员—业务员—高级业务员—代经理—经理—代总监—总监。

B. 制定晋升标准。通常指标 a. 业绩 b. 技能 c. 人才 d. 品行。

C. 设计保级标准。

④榜样激励。榜样激励是指领导者选择在实现目标中做法先进、成绩突出的个人或集体，加以肯定和表扬，并且要求大家学习，从而激发团体成员积极性的方法。

我们常说，榜样的力量是无穷的，榜样是一面旗帜，使人学习有方向、赶超有目标，起到巨大的激励作用。领导者在团体内所选择的榜样应该是成绩突出、品德高尚、作风正派的成员。

A. 榜样激励法的实施。

首先，树立榜样。

其次，对榜样的事迹广为宣传。

最后，给榜样以明显的使人羡慕的奖酬。这些奖酬当然包括物质奖励，但更重要的是无形的受人尊敬的奖励和待遇，这样才能提高榜样的效果，使组织成员学习榜样的动力增加。

B. 榜样激励法的注意事项。为充分发挥榜样的激励作用，领导者要注意以下几点。

• 榜样先进事迹的实际性。

• 引导成员正确对待榜样，学其所长，要防止机械地、形式主义地模仿榜样。

• 召开介绍与表扬先进事迹的会议，形式隆重、气氛热烈，从而激发成员敬慕榜样的心情。

• 关心榜样的不断成长，教育他们戒骄戒躁，发扬成绩，克服不足，不断前进。

⑤情感激励。情感是影响人们行为最直接的因素之一，任何人都有渴望各种情感的需求。这就要求领导者要多关心员工生活，关心员工的精神

生活和心理健康，提高员工的情绪控制力和心理调节力，努力营造一种相互信任、相互关心、相互体谅、相互支持、互敬互爱、团结融洽的氛围。

3. 精神激励十大黄金法则

（1）黄金法则一：员工就是"亲人"

美国惠普公司不但以卓越的业绩跨入全球百家大公司行列，更以其对人的尊重与信任的企业精神而闻名于世。

在惠普，存放电器和机械零件的实验室备品库是全面开放的，允许甚至鼓励工程师在企业或家中任意使用，惠普的观点是：不管他们拿这些零件做什么，反正只要他们摆弄这些玩意儿就总能学到东西。公司没有作息表，也不进行考勤，每个员工可以按照个人的习惯和情况灵活安排。惠普在员工培训上一向不惜血本，即便人员流失也在所不惜。

惠普的创始人比尔·休利特说："惠普的成功主要得益于'重视人'的宗旨，就是从内心身处相信每个员工都想有所创造。我始终认为，只要给员工提供适当的环境，他们就一定能做得更好。"基于这样的理念，惠普特别关心和重视每个员工，承认他们的成就、尊严和价值。

（2）黄金法则二：员工就是"主人"

为了让员工成为"主人"，安捷伦公司尽量避免裁员。在公司最困难的时候，他们采取了压缩开支、全员降薪的办法。安捷伦的员工认为：自己的工作有贡献、自己的人生有价值、自己就是公司的"主人"。安捷伦教育员工，不要把工作看作一种责任，而应该看作一种动态行为。实践证明，这种吸引、保留人才的效果非常好，在职员工的离职率很低，招聘新人的成功率很高。

安捷伦的具体经验有两点：

第一，不断更新留住人才的制度，及时把握员工的具体想法。每个阶段，每个员工的想法都是不同的，激励的方式也应随之进行相应的改变。

第二，鼓励和帮助学员学习第二技能，以应对各种变化。随着外界的变化，员工的工作性质随时都有可能改变。这就需要对员工进行卓有成效的鼓励，并为尝试不同领域而创造条件。安捷伦尊重每一个员工，并对他

们的个人发展负责。

（3）黄金法则三：肯定人格尊严

摩托罗拉公司始终以"肯定人格尊严"为管理理念，对人保持不变的尊重。在摩托罗拉，人格尊严主要包括：和谐的工作环境、明确的个人前途、开放的沟通渠道、足够的隐私空间、充分的培训机会及平和的离职安排。

在离职问题上，尤其能体现出摩托罗拉公司对员工的尊重。公司尽最大可能避免裁员，当必须裁员时，裁员人选将根据员工的业绩，技能和服务年限等作出抉择。

例如，在公司服务满10年的员工未经董事长和总经理批准不得列入裁员的名单。当员工由于个人或公司的需要而离开时，公司还将提供诸如安排其他工作、帮助介绍外面的工作、发放补偿金和继续发给某些福利和工资的帮助等。摩托罗拉以人为本、尊重个人、发挥人的潜能、实现个人价值与企业共同发展的经营理念，形成了员工和企业相互尊重的文化氛围，创造了良好的工作环境。

摩托罗拉认为，管理的基础是尊重。公司创办之初，就形成了一整套以尊重人为宗旨的企业制度和工作作风，并将这一思想渗透到企业文化的各个层面。摩托罗拉认为，尊重至少有四层含义：肯定个人价值、给予特殊信赖、创造和谐氛围及满足具体要求。

（4）黄金法则四：感受工作乐趣

人生的本质就是寻找一种满足，如果能把这种满足引导到工作上来，就一定会收到惊人的效果。

香港蚬壳公司视员工为宝贵资产，始终坚持"以人为本"的管理理念。该公司认为，要推动员工做出最佳表现，就必须引导他们寻找和感受工作的满足感。为此，公司采取了三大措施。

①增加员工的参与机会。

公司为了提高成本利益，常常邀请同部门的员工参与不同的工作小组，大家共同进行讨论。每个人最熟悉的工作程序，也最清楚如何控制成本。这种参与机会的增加，有效地激发了员工的专长与潜能。

②激发员工的创造潜能。

公司每年都将员工带到户外，尝试高空行走、射击、攀柱等高难度活动，以提高员工适应外界变化的灵活性，培养他们勇于接受挑战的品质。户外活动的主题是："解放员工的内在潜能。"公司深信人人都有潜能，鼓励员工最大限度地发挥自己的创造力。

③设计员工的职业规划。

公司相信，帮助员工保持身心平衡是非常重要的。公司退出了雇员发展计划，与一家顾问公司进行合作。这种服务范围包括四个方面：专业个人咨询、绩效管理咨询、退休咨询、健康人生咨询。各类员工都被照顾到，费用由公司全数支付。员工可采用电话预约的形式，与辅导顾问见面。

（5）黄金法则五：采纳建议

每个人都有潜在的才智，但究竟如何激发他们，则需要管理者动一番脑筋。实践证明，让员工提建议就是一个好点子。在这方面，最成功的首推丰田公司。

　　1951 年，丰田英二担任丰田汽车公司总经理。他实施了"动脑筋创新"的建议制度，大大调动了员工的工作热情。他首先成立了"动脑筋创新委员会"，制订了具体规章。车间到处都设有建议箱和"建议商谈室"，建议的范围包括机械仪器的发明制造、作业程序的改进完善、材料消耗的评估节省等。

领导既能听到工厂现场的意见，也能及时了解员工掌握技术能力的程度。员工们利用这个制度，找到了创新的乐趣，既充分发挥了自己的能力，又切实地感受到了巨大的满足。

（6）黄金法则六：宽容失误

作为日本第一家拥有精神价值观和公司之歌的企业，松下电器公司非常宽容。对待那些犯有严重错误的员工，公司并不是一味地进行严肃处

理，而是给他们一个将功抵过的机会。

这种做法稳定了员工的思想情绪，确实值得我们借鉴。松下幸之助有一句名言："如果你犯了一个诚实的错误，公司可以宽恕你，并把它作为一笔学费。但如果背离了公司的精神价值，就会受到严厉的批评直至被解雇。"

(7) 黄金法则七：创新心理

成功可以使人获得成就感。如果给员工创新的机会，他们就有追求成功的欲望。激励员工成功可以充分利用员工的创新心理，这不失为公司管理的一剂良药。企业领导者必须充分调动员工的积极性，促使员工的工作热情长久不衰。

IBM 公司实行了别出心裁的激励创新的制度。对有创新成功经历者，不仅授予"IBM 会员资格"，而且提供五年的创新时间和必要的物质支持。主要内容是：有权选择设想、有权尝试冒险、有权规划未来、有权获取利益。

这种激励机制，既满足了创新人员追求成功的心理，也使他们得到了有效的报酬；同时，也是一种最经济的创新投资手段。

(8) 黄金法则八：耻辱心理

多米诺比萨饼公司曾在新英格兰地区开了一家分店，生意非常红火。但由于生面团断档，致使该公司的"30分钟以内送到"的供应保证落空，最终失信于消费者。为此，地区经理买了1000条黑纱让所有员工佩戴以示哀悼。他巧妙地借助于"耻辱心理"来激励员工，成功地实现了杜绝类似现象发生的目的。

利用"耻辱心理"进行激励，这实际上属于危机管理中的"无缺点管理"。日本的企业特别推崇"无缺点管理"，并收到良好的成效。正如丰田公司的一位高级管理人员所说："我们不应过分强调'全面质量管理'，因为这种管理充其量只能让缺点减至10%。如果我们生产400万辆汽车的话，便会有40万人购得一辆带毛病的车，这必将成为生产与用户之间的最大危机。但如果推行'无缺点管理'，则会彻底消除这种现象。"

（9）黄金法则九：保持士气的常规方法

毋庸讳言，人人都有惰性。要想让员工始终保持高昂的士气，必须坚持不懈地做工作。实践证明，这些方法可以有效地保持员工的士气：问好、谈心、表扬、培训、考核、晋级、换工、充电、定向、统一。

（10）黄金法则十：保持士气的特殊方法

有关专家经过研究发现，经常发自内心的微笑，可以明显地提高人的生理状态，极大地改善人的精神面貌，从而激发出工作热情，创造出更高的效益。

在美国俄亥俄州，有一家钢铁和民用蒸馏公司的子公司一度经营不善，总公司派了丹尼尔任子公司的总经理，企业面貌迅速发生了巨变。原来，丹尼尔在工厂里到处贴上标语："请把你的笑容分给周围的每一个人。"他还把工厂的厂徽改成一张笑脸。

平时，丹尼尔总是春风满面，笑着同工人打招呼，笑着向工人征求意见。全厂2000名工人，他都能叫出名字来。在他的笑容的感染下，员工的工作热情大大提高。三年后，工厂没有增加任何资本，生产效率却提高了30%。

马克的"增加换了气氛"的管理思想与丹尼尔的"笑容管理"有着异曲同工之妙。

马克是美国西雅图一家公关公司的老板。为给公司增加一些欢乐气氛，他采用了一些既简单又有效的方法：每个季度关闭公司一天，带着全体员工去看电影；员工每年四次关掉呼机，将电话设置为语音信箱状态，去欣赏露天音乐会；在每周一次的全体员工参与的午餐会上，提供各种水果、饮料；允许员工平时随意着装，只是在接待客户时才有统一的着装要求。

在奖惩过程中，有一点必须时刻注意：奖励来自于集体给予，惩罚是自我给予。企业在对员工进行奖惩的时候，为什么总是会引起抱怨？惩罚

是员工的自我承诺，比如，公司与员工共同探讨制订了一个目标，一个冲刺目标，一个底线目标。底线目标在公司最低承受量范围之上由员工自己设定，冲刺目标由公司衡量员工能力之后制定，一般为员工经过努力可以实现的目标，若达到这个冲刺目标就给予一个较大的奖励，反之，则会受到惩罚。

 小提示

要想执行有力，必须措施有力；要想措施有力，必须检查有力；要想检查有力，必须奖惩有力。你是否赏罚分明，让人们对公司作出更大的贡献或只造成很小的损害。

改善机制

一个适宜的工作环境，对刺激员工动力十分重要。如果工作环境适宜，员工们感到舒适，就会有更佳的工作表现。

巴斯夫公司在工厂附近设立了各种专用汽车设施，并设立弹性的工作时间。公司内有 11 家食堂和饭店，每年提供 400 万顿膳食。

每个工作地点都保持清洁，并为体力劳动者设盥洗室。这些深得公司雇员的好感。1984 年，巴斯夫公司曾在环境保护方面耗费了 7 亿马克的资金，相当于公司销售净额的 3.5%。

由此可见，适宜的工作环境，不但可以提高工作效率，还能调节员工心理。根据生理需要设计工作环境，既可以加快速度、节省体力、缓解疲劳，还可以创造愉悦、轻松、积极、充满活力的工作氛围。

1. 改善办公环境

怎么让工作时有个好心情？除了良好的工作氛围，好的办公环境也是影响因素之一。整洁、明亮、舒适的工作环境，才能使员工产生积极的情绪，才会充满活力，工作效率才会提高。那么，如何才能改善我们的办公环境呢？

①做好办公室绿化，在合适的位置养一些大型的绿叶植物，在办公桌上放一盆小植物，既吸收辐射，也可以缓解眼部疲劳。

②禁止办公室吸烟，任何一个人都不想吸二手烟。

③早餐之类，或者有些味道比较重的食物不要在办公室吃，以免留有异味。

④减少办公室噪声，嘈杂的环境不容易集中精神工作，可以适当放些音乐，舒缓一下紧张的神经。

⑤适宜的温度，如夏天的话很热，冬天又很冷，可以开空调调节温度，如果太干，可以放个空气加湿器。

⑥注意通风。要经常开窗，保持空气流通，每人每天吸入呼出的空气量高达20立方米，引进室外大气绝对有助于改善室内空气质量。在气候允许状况下常开窗户，是改善通风最基本简单的方法。

2. 改善人际关系

调查显示，有相当一部分员工的离职原因是因为公司内部员工的人际关系不和引起的。马斯洛的需求层次论说明，人的需求分为生理、安全、自尊、社交和自我实现的需求。著名的霍桑实验也提示了人们是关心友谊、尊重、温情、关怀这些社会性需要的。工人社交需要的满足，对激励他们的工作干劲也是很重要的，"满足了的工人是出活的"。

人们从事工作不仅仅为了挣钱和获得看得见的成就，对于大多数员工来说，工作还满足了他们社会交往的需要。所以，友好的和支持性的同事会提高对工作的满意度。

例如，摩托罗拉非常重视员工改善人际关系的培训。此类培训主要是使员工对人际关系问题有一个比较全面的认识。包括员工与员工之间的感情、交往；员工自己本身的社会关系和心理状况；员工对单位、整个组织的认同感或疏离感；组织内单位，部门与部门之间的关系等。

3. 增加员工福利

增加员工福利也是管理者改善工作环境的方法之一。我们先来简单看看世界级的公司是用什么样的福利来提高员工工作效率，让每个员工都快

乐地工作的。

①高盛，纽约：如果员工晚上加班到太晚，这家华尔街的公司会用豪华轿车免费送员工回家。

②瓦拉西斯传播公司，密歇根州利沃尼亚：如果你还没买车，公司会租车给你；如果你需要家政服务，公司会为你打折；新婚夫妇还能得到公司提供的婴儿安全座椅。

③美信银行，特拉华州威明顿：结婚时公司会大方地给员工准备新婚礼物，其中包括婚礼当天的豪华轿车，500美元的红包以及一个星期的休假。

④WRQ公司，华盛顿州西雅图：这家企业软件开发商提供的福利听起来怪怪的，它们为员工提供带床垫的休息室。

⑤JM斯马克，俄亥俄州奥威尔：这家知名的果酱制造商通过轮岗来保持员工的积极性和工作兴趣。

⑥REI（户外用品零售商），华盛顿州肯特：孩子出生后父亲有两个星期的带薪假。

⑦戴尔电脑，得克萨斯朗德罗克：圣诞节每人都有一周的假期，每年还有十天的年假。

小提示

一个适宜的工作环境，对刺激员工动力十分重要。如果工作环境适宜，员工们感到舒适，就会有更佳的工作表现。

积分机制

所谓员工积分奖励计划，即企事业为了提高员工的效率，提升员工的忠诚度，而设计实施的一整套涵盖激励原则、奖励规则、奖励流程、效果评估等在内的计划体系。根据员工的工作表现，给予积分奖励。员工领取并累积积分，进行兑换，公司以此激励员工完成公司的业绩目标，从而提升员工的工作积极性，并在过程中实现企业和员工的共同价值。

采用这种机制，好处有四点：

①低成本拥有自身专属的福利和奖励管理体系，提高企事业福利管理的效率；

②提升公司对于日常员工行为和绩效的激励；

③提升企业形象，激励员工，挽留和吸引人才；

④员工在完成高绩效后，可随时获得企业的认可和奖励，从而提升工作积极性。

1. 实施模式

①建立一个员工认可及奖励的网站平台。让员工感受到，企业对于员工忠诚度是严肃慎重考虑的。同时，员工也可以在这个网站平台上随时看到因为何种原因获得的奖励。

②将员工的行为根据组织希望的发展方向，设定多种的奖励项，如"销售业绩奖""创新奖""最佳协作团队奖"等，让全体员工在日常工作中的每一个行为都有奋斗的目标和方向。

③对于员工达成的任何一项目标，不论大小，都会有认可和相对应的奖励积分。

④积分累积到一定程度后，员工就可以用它兑换自己一直心仪的东西，如一个数码相机、一次旅游套票、一堂高规格的培训课程、一张演唱会的门票。之后，员工继续完成组织的绩效，为下一个目标而努力。

2. 规则设计

（1）确定奖励积分的项目

即明确哪些行为或者结果可以获得绩效积分。可选择的积分项目包括：月度、年度或者季度考核结果积分、行为态度积分、能力提升积分、司龄追述积分、出勤积分、特殊贡献积分等。积分项目形式的选择具有较强的灵活性，可根据企业阶段性需求的特点来设计。

（2）确定各个积分项目的积分额度标准

积分额度标准要依据各个项目的难度以及对企业相对价值的大小来确

定。如月度（年度）绩效考核积分可依据员工月度（年度）绩效考核结果的不同奖励不同额度。

（3）确定具体的积分规则

积分规则包括怎样的工作表现累积积分，累积积分后可以如何消费积分，员工积分账户的管理以及员工星级的升降规则等。例如，企业管理者通过 IRewards（弹性福利管理及员工忠诚度奖励平台）员工奖励平台对员工进行奖励，员工登录该平台，并可在 IRewards 福利商城中兑换积分。

3. 名目列举

①销售业绩奖：激励员工完成业绩目标。

②工作年限奖：降低离职率，提升员工忠诚度。

③优秀员工奖：激发员工的工作激情。

④推荐新人奖：节约人员招聘成本。

⑤团队协作奖：对于团队完成不同的项目所给予的奖励。

4. 设计步骤

（1）要向员工沟通公司的共同愿景

让全体员工充分了解公司的发展方向，让每一个员工工作的方向与企业的发展方向保持一致。让员工体会到自身的努力工作，对于整个组织绩效产生的影响。

（2）要建立健全公司的文化体系

一个公司的文化就像社会的道德体系，是通过群体意识在无形中引导、约束个体的行为。公司积极向上的文化，可以让个体感受到自身的价值，以及持续工作的融洽氛围。

（3）要明确员工在组织内部的职责和绩效

员工明确的岗位职责是员工忠诚度计划的原则。一个员工的激励和奖励的原则是以其岗位职责为基础，以绩效目标为导向，对每一个完成的绩效行为进行鼓励。

（4）切实可行

员工忠诚度奖励计划必须是一个切实可行的体系和机制，而不只是一个口号。企事业的负责人及人力资源管理者应当通过有效的工具，将其融入到企业的日常工作中，让员工时时容易参与进来。

小提示

　　员工在完成高绩效后，可随时获得企业的认可和奖励，从而提升工作积极性。员工领取并累积积分，进行兑换，公司以此激励员工完成公司的业绩目标，从而提升员工的工作积极性，并在过程中实现企业和员工的共同价值。

第六章
凭什么执行战略：管控力

　　标准化经营与管理，可以使企业从上到下有一个统一的标准，形成统一的思想和行动；可以提高产品质量和劳动效率，减少资源浪费；有利于提高服务质量，树立企业形象。

月度计划表

　　要想进行运营的管控，首先就要制作出一份月度计划表、岗位量化表。

　　月度计划表就是为了完成这张表里的东西，员工需要做哪些事情来完成这个东西。比如，员工交了一份四月月度计划表。其中有工作内容、结果设定、关键行动措施、所需资源、数据来源及完成情况。

　　月度计划表包括以下几个关键点：第一，工作内容，就是员工干了哪些事，而工作内容则是根据员工的那个表来的；第二，结果的设定；第三，关键行动措施；第四，所需资源，就是希望公司在哪些方面提供支持。每个人要根据岗位量化表，做出月度计划表。

1. 岗位量化表

怎么把月度计划表跟月度的绩效打通在一起？通常包括以下几部分。

第一，工作计划，每个月要提交个人计划，制订个人计划。

第二，事业部的销售额，达成公司每个月制定的销售额。

第三，利润率，每个月要达到公司标准的利润率。

第四，运营成本的控制，就是指办公成本、产品资料成本，以及每月的预算成本等。

第五，客户满意度，没有客户投诉。

第六，课程交付，课程风险管理。

第七，工作分析报告，每月启动大会前两个工作日提交。

第八，产品手册，定期更新产品信息及产品卖点提炼。

第九，员工培训。

第十，收集客户案例，每个月收集案例，形成图片、文字或视频。

2. 月度计划表

月度计划表的内容包括工作内容、结果的设定、关键行动措施、所需资源、数据来源和完成情况。如表6－1、表6－2所示。

第一，工作内容，就是员工干了哪些事。而工作内容是根据员工的那个表来的。

第二，结果的设定。

第三，关键行动措施。需要做哪些措施来完成设定的结果。

第四，所需资源。就是希望公司在哪些方面提供支持。

第五，数据来源和完成情况。

表6－1　　　　　　　　　部分月度计划

（　）部（　）月计划表						自罚承诺
工作内容	结果设定	关键行动措施	所需资源	数据来源	完成情况	

执行人姓名：　　　　检查人姓名：　　　　审批人姓名：

表6-2　　　　　　　　　总经理月度计划

（　　）总经理（　　）年（　　）月度计划（总结表）						
工作内容	结果设定	关键行动措施	所需资源	数据来源	完成情况	自罚承诺

🌀 小提示

　　每个人要根据岗位量化表，做出月度计划表。包括以下几个关键点：第一，工作内容，就是员工干了哪些事，而工作内容则是根据员工的那个表来的。第二，结果的设定。第三，关键行动措施。第四，所需资源，就是希望公司在哪些方面提供支持。

日绩效平台

1. 日结果表

（1）结果思维的训练

①任务与结果的流行语。

②评选"结果之星"。

③短信汇报日结果表。

④工作分析表。

⑤日结果表、周计划表训练。

（2）日结果表

日结果表如表 6 – 3 所示。

①日结果表是自我管理的工具。

②日结果表是训练员工结果思维的工具。

③日结果表是训练正规军的工具。

表 6 – 3　　　　　　　　×人×月×日结果计划

今日要事提示：青岛亨达玻璃科技有限公司刘总送 OPP（运营新势力）门票＋办理手续（黄岛红石崖）青岛冠宇食品（胶州）敲定下午拜访时间

时间	工作类别	工作内容	预期工作结果	执行/配合	完成情况汇报	自我承诺
×月×日日结果表	客户维护	拜访＋短信维护＋运营班客户导入情况跟进和服务	上午 9 点准时到青岛亨达玻璃科技公司刘总企业办理手续；上午 10：30 电话沟通约定下午到冠宇食品宋总企业见面时间；短信维护 5 位超意向客户	××	完成（冠宇食品宋总电话敲定 14 日上午财务办理汇款，书籍已邮寄）	—
	专业提升	团队伙伴针对薪酬设计八大陷阱进行培训	团队伙伴通关率 100%	××	完成	—

续　表

时间	工作类别	工作内容	预期工作结果	执行/配合	完成情况汇报	自我承诺
×月×日日结果表	客户开发	新积累和收集的客户信息以及Xtools（一个软件名）录入	团队每人更新名单至少30个；每人录入Xtools（一个软件名）3家意向客户	全体队员	完成	—
×月×日日结果表	课程运营	团队OPP收款家数和定准家数以及新的意向客户家数	团队收款3家，定准3家，意向6家（其中含个人全款1家和定准1家）	全体队员	未完成（团队全款2家，定准3家，意向4家）	5元娱乐基金
×月×日日计划表	客户维护	拜访+短信维护+运营班客户导入情况跟进和服务	跟进冠宇食品汇款；同时协助队员到市里海德花园收款；电话跟进冠发发制品薪酬导入情况并作及时沟通	××约定客户见面时间	—	5元娱乐基金
	专业提升	个人看特劳特定位书籍	总结和提炼出关于定位如何塑造的话术，同时培训队员	××	—	5元娱乐基金

续 表

时间	工作类别	工作内容	预期工作结果	执行/配合	完成情况汇报	自我承诺
×月×日 日计划表	客户 开发	新积累和收集的客户信息以及 Xtools 录入	全力邀约，团队每人更新名单 10 个；每人录入 Xtools 5 家意向客户	××	—	5 元娱乐基金
×月×日 日结果表	课程 运营	团队 OPP 收款家数和定准家数以及新的意向客户家数	团队收款 4 家，定准 5 家，意向 4 家（其中含个人全款 1 家）	××	—	5 元娱乐基金

不同职位的表格可以参照表 6 - 4 来设计。

表 6 - 4　　　　　　　　　　不同职位的日结果表设计

时间	工作类别	工作内容	预期工作结果	执行/配合	完成情况汇报	自我承诺
年 月 日						
年 月 日						

每日分享：

（3）日结果的操作要点

①底线规则。

②规范格式。

③提交开放邮件平台。

④结果衡量的标准。

⑤先求质，再求量。

⑥承诺要低标准，严要求。

⑦建立娱乐基金（娱乐基金排行榜），如表6-5、表6-6所示。

⑧投资点评。

表6-5 　　　　　　2014年0301-0331——娱乐基金统计

承上累计结余：						元
收入合计：			元	单位：		元
部门	时间	姓名	事由	应缴金额	实缴金额	备注

表6-6 　　　　　　2014年3月娱乐基金应收统计

区域	日期	姓名	原始金额 （元）	累积到 第二周 递增 10%	累积到 第三周 递增 20%	累积到 第四周 递增 30%	事实数据
1							
2							
3							

续　表

区域	日期	姓名	原始金额（元）	累积到第二周递增10%	累积到第三周递增20%	累积到第四周递增30%	事实数据
4							
5							
6							
7							
8							

2. 微信平台

（1）第一部分：日结果

对当日工作进行总结。

要求：

①量化；

②有实施细节；

③有结果。

（2）第二部分：日计划

对明日工作进行计划。

要求：

①有目标；

②具体量化；

③有实施细节。

（3）第三部分：日感悟

今日工作的感悟。

要求：

①正向积极；

②工作带来的收获；

③个人努力的方向。

（4）案例展示

第三方进行结果追踪，如图6-1所示。

图6-1　结果追踪

 小提示

日绩效平台的杀伤力非常强，用了它以后，效率立马就会提高。

第三方机构

这里所谓的第三方机构指的是：系统运营者；结果追踪者；文化倡导者；信息传播者。第三方机构的主要任务是什么？让我们先来看表6-7所示。

表6－7   第三方工作分析

工作类别		结果设定（清晰、量化、交换）	评分等级	自评	终评
1. 积分管理	积分记录	积分加减分动态在一个工作日内更新，并形成记录	—		
	积分激励	通过信息平台向领导申请，进行实时积分正负激励	—		
	积分传播	①每周一18点前在文化墙上公布积分综合排名情况，并将排行榜发送至邮件平台及顾问部负责人邮箱 ②每月第一周内在文化墙上公布上月积分综合能力排名，并将积分排行榜发送至邮件平台及顾问部负责人邮箱	—		
2. 日常会议运营	早会	①提前一天安排好主持人、DJ，提前5分钟准备好音响。②监督支持人按早会标准流程进行，监督迟到人员现场执行规则。③记录迟到、缺勤人员名单，每月累积3次以上扣积分	完成5分，未完成0分		
	咨询会	会前：提前半小时确定名单，提前2小时收集表格发送给咨询方；提前15分钟布置好会场	完成5分，未完成0分		
	阅读研讨会及内部价值会	在会议结束前当天24点前将会议纪要报告发给相关辅导；会后24小时内形成节点计划提醒管控表，跟进落实各领导工作事项	完成5分，未完成0分		
	临时会议	会前，接到领导通知后，第一时间通知所有的参会人员，确保大家准时开会；提前15分钟布置好会场，准备好相关资料	完成5分，未完成0分		

续　表

工作类别		结果设定（清晰、量化、交换）	评分等级	自评	终评
3. 结果追踪与绩效核查	日结果计划统计	每日统计各部门主管日结果及日计划	完成3分，未完成0分		
	YCYA跟进落实	根据YCYA时间节点跟进落实进程与结果	完成4分，未完成0分		
	过程追踪	根据日结果及计划按节点跟进过程	完成5分，未完成0分		
	结果检查	落实结果，对结果进行属实检查	完成5分，未完成0分		
	定期考试	定期对即将达标人员进行晋升考核，将考核结果汇总提交给相关负责人	完成5分，未完成0分		
	月度绩效核查	对人员考核表中各项指标数据来源进行核对和审查	完成5分，未完成0分		
	晋升、降级评定	根据考核与绩效核查评定人员晋升与降级评定，提交评定报告到相关负责人	完成3分，未完成0分		
4. 娱乐基金管理	收支统计与公布	及时将当天娱乐基金录入收支表并定期公布	—		
	娱乐基金使用	每次活动或会议后将活动照片进行张贴			
5. 管理墙维护更新	文化墙更新	根据公司安排进行文化墙的更新	—		
	分享墙更新	每次公司活动或会议后将活动照片进行张贴			
	政令宣导张贴	及时将公司政策进行宣导，并张贴到公告栏			
6. 日常事务	底线规则	底线规则的制定及编制；对底线规则进行监督及执行	—		
	其他日常事务	其他日常事务			

由表6-7可知，第三方机构的主要工作有以下几项。

1. 积分管理（10％）

（1）积分传播

①节点即时汇报。每周一18点前文化墙上公布上周积分综合排名情况，并将排行榜发送至邮件平台及负责人邮箱。

②月度排名公布。每月第一周内在文化墙上公布上月积分综合能力排名，并将积分排行榜发送至邮件平台、公司、部门负责人邮箱。

（2）积分激励

①积分奖扣分申请。通过信息平台向领导申请进行实时积分正负激励。

工具：积分申请模板。

②积分奖励仪式。鲜花、证书（客户价值之星）、获奖感言、颁奖仪式（业绩启动大会积分激励环节）（如图6－2所示）等。

图6－2 积分奖励仪式

（3）积分记录

即时截图，每天20点或每周五20点记录一次。

 系统运营官

工具：第三方积分事实数据表（如表6-8所示）。

表6-8 第三方积分事实数据

截止日期：2014-3-10 0：00：00

姓名	奖扣分时间	分数	奖扣分理由	总分	排名

2. 日常会议运营（20%）

（1）早会

通过早会或夕会训练团队士气和团队精神。在早会中，要激发员工一天的工作激情和动力，充分调动员工的工作积极性，从而提高团队的凝聚力、向心力，推动员工的责任心与自觉性。在晚会中，对一天工作进行总结，对次日工作进行计划，推动工作进展。

早会流程如表6-9所示。

表6-9 早会流程

人员	时间	流程
主持人	8：20— 8：30（提前5分钟到公司调式音响，做好准备）	一、创成舞蹈 1. 主持人准备好音乐，并且每天根据跳的最有状态的人加2枚积分。 2.10秒钟时间两两检查着装，对不打领带的、衣着不整的人做出提醒
		二、创成风采展示 话术:1. 创成风采展示现在开始，全体跨立；2. 创成愿景；3. 创成使命；4. 创成经营观；5. 创成执行理念；6. 全体立正，创成核心价值观；7. 让我们举起我们神圣的右手，创成职业经理人宣誓；8. 让我们挽起伙伴的右手，一起唱响我们的司歌，有请我们伙伴起歌

续　表

人员	时间	流　程
主持人		三、领导人介绍 要非常有状态，有自信地介绍值班经理
		四、早会播报 1. 值班人；2. 参会人员；3. 迟到人员；4. 请假人员；5. 日结果表未按时发送人员；6. 梦想目标分享人员；7. 专题分享内容简介；8. 重点工作安排
值班经理	8：30—9：00 （自行把控好时间，务必9：00结束）	梦想目标分享（两位名额）
		好人好事分享（每个人都分享，每人一件）
		专业分享/咨询心经分享（保证10分钟分享）
		工作安排（要在值班本上记下重要事件）
值班安排	周一、周五	1. 主持人由值班经理项目组自行安排主持人员。 2. 值班经理要有服务客户等特殊情况不能照常值班，请值班时间的前一天晚24：00前微信平台发送申请。 3. 标准格式为： ××因××事情不能正常值班，经过协调由××代为值班，请第三方收到回复。 4. 值班经理把控好时间，每超时1分钟乐捐1元娱乐基金
	周二、周四	
	周三、周六	

（2）质询会

一个公司有四个部门，如果这四个部门出了问题，通常情况下公司也会出问题。比如，销售、生产、行政、后勤，过去他们几个在一起工作，如果销售业绩不好，不开会，他们就会在背后说：我是老板。之后，就会跑过来跟我说其他几个部门的坏话。即使发现了其他几个部门的问题也不会直接跟他们讲，而是跑来跟老板讲……彼此之间都是这样，如此互相讲完以后，表面上一团和气，私底下都恨死对方了。

公司本来需要大家齐心协力把事情干好的，但他们都互相拆台，互相抱怨，互相看不起对方，互相不欣赏对方，公司的负面文化就会产生。其实，我们完全可以换一种机制，把过去的方式全部推倒——每个月开个质询会。

如何开好质询会呢？

①只允许主动接受。

假如我是今天的主持人，召集几个部门一起来开会，开会的主要目的是什么？一方是销售，其他三个就先给销售提建议，提一些改善方法。就是说，站在我的角度，我觉得你的部门应该怎么样……大家轮流提，各方面的建议就照单全收。

②做成正面的回应跟承诺。

提完之后，要做出积极的回应，比如"非常感谢××经理给我们提出的建议，我要在××天，××月，××日，完善这个工作"。直接给出一个回应和承诺是非常重要的。

为什么要让他们互相提建议呢？因为每个人都有盲点，每个部门都会有很多缺陷，你没有看到的并不代表别的部门没有看到。所以，让其他部门站在外围来看你的工作，往往会看得更清楚。你是站在内部看自己，看得不清楚。比如，我到你们的企业去，肯定会看到一些企业内部的问题，在这些问题中，可能有些你就没有看到；如果心态不开放的话，我给你提了一些建议，你自然会感到心中不爽。

具体流程，如表6－10所示。

表6－10　　　　　　　　　　质询会流程

阶段	负责人	步骤	话术	备注
会前	COO（首席运营官）	1. 结果计划提前统计打包	结果计划提前4小时打包并转发给每个部门领导	
		2. 会场布置	投影、电源插板	

阶段	负责人	步骤	话术	备注
会中	COO	1. 点到并记录参会人员	距会议正式开始还剩10秒钟，倒数……现在开始点到……	迟到者兑现娱乐基金
		2. 唱司歌，宣誓做仪式	全体起立，"要结果不要理由，对事不对人，不陷入细节讨论"	全体起立，"要结果不要理由，对事不对人，不陷入细节讨论"。
		3. 邀请被质询人	a. 有请_____对上周结果进行汇报	
	被质询方	4. 上周结果质询	a. 尊敬的质询方，上周工作完成项，未完成项，改进方案是_____	
	COO	5. 请质询方质询	请质询方_____对上周结果进行质询	
	质询方	6. 质询结果	a. 质询结果；b. 建议	
	COO	7. 质询承诺兑现	有请被质询方_____对上周承诺进行现场兑现	
		8. 确认绩效等级	有请第三方助理_____确认被质询方本月绩效等级	
		9. 邀请汇报本周计划	有请被质询方_____对本周计划进行汇报	
	被质询方	10. 汇报本周计划	尊敬的质询方，本周计划共计_____项，分别是_____，汇报完毕	
	COO	11. 请质询方质询	请质询方_____对本周计划进行质询	
	质询方	12. 质询结果	质询结果（满意、基本认可、不满意），建议_____。	
	COO助理	13. 修改意见确认	尊敬的被质询方_____，您本周计划需要修改的意见共计_____项，分别是_____，是否确认	

阶段	负责人	步骤	话术	备注
会中	COO	14. 被质询方计划修改承诺	有请被质询方_____对新的修改意见进行承诺，保证客户满意	
	被质询方	被质询方	15. 意见承诺尊敬的质询方，我在此向您郑重承诺：新的计划表于_____月_____日_____点提交到_____处，如果做不到，我自愿承诺_____，全程由第三方进行监督，完毕	
会后	COO	质询结果总结	有请质询方_____。领导人对此次质询会进行总结	

（3）月度研讨会及内部价值会

（4）临时会议

①确定时间地点；

②人员参会通知；

③布置会场安排主持人；

④收集资料与信息。

3. 结果追踪与绩效核查（40％）

（1）结果计划统计

（2）日结果计划

日结果计划表标准格式如表6－11所示。

表6－11　　　　　　　　日结果计划

姓名	日期	日计划	日结果	奖惩	说明
		1. 计划完成 X 事	未完成	自愿做（　　）个俯卧撑 兑现时间： 兑现地点： 监督人：	两项中有一项完不成，自愿承诺上交（　　）元娱乐基金 兑现时间： 兑现地点： 监督人：
		2. 计划完成 Y 事	已完成 监督人：		

（3）周结果计划

周结果计划如表6－12所示。

表6－12 ＿＿＿＿＿（姓名）＿＿＿＿年＿＿＿月＿＿＿日周结果计划

工作类别	1. 清晰 2. 可量化 3. 可交换	1. 具体、可操作； 2. 可衡量； 3. 每项不超过三条	所需资源	数据来源	评分等级	完成情况	改进措施	自我承诺	自评	终评

①YCYA（一种承诺管理系统）跟进落实（如表6－13所示）。

表6－13 临时积分 YCYA 管理系统（×月×日）

序号	任务部分							承诺部分		
	指令发出人	指令	指令发出时间	承诺结果（Y）	奖扣分标准	执行人	承诺检查时间（C）	完成汇报（Y）	奖扣分兑现（A）	承诺人签字
1	××	拍文化宣传片	×月×日	2周完成样片	完成奖500分，未完成扣100分	××	××月××日	完成	奖分500分	
2	××	OPP邀请函	×月×日	1天内完成	完成奖100分，未完成扣50分	××	××月××日	完成	奖分100分	

	任务部分						承诺部分		
序号	指令发出人	指令	指令发出时间	承诺结果（Y）	奖扣分标准	执行人	承诺检查时间（C）	完成汇报（Y）	奖扣分兑现（A）	承诺人签字
3	××	OPP邀约	×月×日	15日完成80人	完成奖500分，未完成扣200分	××	3月30日	未完成	扣分200分	
4	××	职场文化墙	×月×日	1周完成设计文化墙并上墙	完成奖200分，未完成扣50分	××	3月22日	完成	奖分200分	
5	××	上CRM系统	×月×日	3日内购买CRM软件，安装测试并培训营销人员	完成奖200分，未完成扣50分	××	3月18日	完成	奖分200分	
6	××	招聘	×月×日	16日举行OPP招聘，目标留下10人参加培训	完成奖200分，未完成扣50分	××	3月16日	完成	奖分200分	

②过程追踪。

③结果检查。

④定期考试。

⑤组织、评定专业技能考试，文化考试。

（4）月度绩效核查

工作重点有以下几项。

①考核项节点监督、提示、检查、核实、确认；

②月度绩效打分表（月度结果计划表）；

③晋升降级评定；

④依据员工职业发展进展，考核情况、绩效达成情况等，提醒、鼓励、监督、筹备晋升降级事宜。

4. 娱乐基金管理（10%）

（1）收支统计与公布

（2）娱乐基金使用

（3）节点公布与汇报

①每周一 18 点前公布上周娱乐基金收支情况，并将电子版娱乐基金收支统计详表发送至邮件平台及公司或部门负责人邮箱。

②每周一 18 点前在 5R 管理墙依据部门及人员公布上周娱乐基金上交情况，并将电子版发送至邮件平台及公司或部门负责人邮箱。

5. 管理墙维护更新（10%）

①文化墙更新。

②分享墙更新（如图 6－3 所示）。

③政令宣导张贴。

姓名	积分	业绩	排名	姓名	积分	业绩	排名	姓名	积分	业绩	排名	姓名	积分	业绩	排名
1				16				31				46			
2				17				32				47			
3				18				33				48			
4				19				34				49			
5				20				35				50			
6				21				36				51			
7				22				37				52			
8				23				38				53			
9				24				39				54			
10				25				40				55			
11				26				41				56			
12				27				42				57			
13				28				43				58			
14				29				44				59			
15				30				45				60			

图 6－3　个人业绩与积分榜

6. 日常事务（10%）

（1）底线规则

（2）公告平台

喜讯播报、早会播报、会议通知、承诺跟进、政令宣导、负激励、温馨提醒等。

（3）其他日常事务

（4）领导指示

代领提成、财务、人事、客服、行政、文传等，出行、不打卡的申请等。

附：

第三方办公室日常工作流程与信息反馈要求

为全面推动集团第三方办公室规范化、标准化运营，进一步明确第三方工作岗位职责，现制定以下日常工作流程与信息反馈要求。

一、部门工作

1. 基础信息统计：积分、娱乐基金

①工作流程：按照积分与娱乐基金标准统计模板，每天记录事实数据，每周更新 5R（结果定义、责任锁定、过程检查、即时激励、改进复制）管理墙，每月将排行榜发送至邮件平台。

②时间节点：每天即时做好记录，每周六下午 6 点前更新管理墙，每月 30 日下午 6 点前发送至公开平台。

③信息反馈要求：邮件平台统一发送主题为"××部××年×月×××"，如"事业部 2014 年 1 月积分排行榜""营销中心 2014 年 1 月娱乐基金收支表"。

④底线规则：未按时更新对应绩效考核减 1/4，未按时发送绩效考核减半，未按标准格式发送上交 10 元娱乐基金。

2. 关键信息提交：绩效考核、晋升降级数据

①工作流程：按照部门考核方案及人事行政部要求，及时提交各类考

核数据的纸质版、电子版；及时提交部门当月晋升降级人员名单。

②时间节点：每月 30 日下午 6 点前（如遇假期则顺延至每月第一个工作日下午 6 点前）。

③信息反馈要求：确保各项数据统计无误，确保晋升、降级标准有据可依。

④底线规则：未按时提交对应绩效考核减半，因个人主观原因出现一处数据错误上交 10 元娱乐基金。

3. 文化 VI（视觉识别系统）更新：优秀分享、5R 管理墙、文化照片

①工作流程：及时收集部门优秀分享、课程剪影、活动照片等，每两周至少更新一次文化 VI 管理墙。

②时间节点：每月 15 日、30 日下午 6 点前完成更新。

③信息反馈要求：优秀分享要有照片、有领导评论，课程素材、活动照片要有价值宣导，突出文化的影响力。

④底线规则：未按时更新对应绩效考核减半。

4. 日常 5S 检查：个人 VI（视觉识别系统）与办公环境

①工作流程：按照部门统一着装要求，每天检查个人 VI；按照公司 5S 区域划分，每天检查并保持办公环境整洁。

②时间节点：随时检查个人 VI，每天上班后、下班前检查办公卫生。

③信息反馈要求：及时将个人 VI 不达标且屡次不改者上报至行政处；在部门内设定相关底线规则，对卫生打扫不彻底的值班负责人进行监督惩戒，并及时在第三方群、邮件平台进行通报。

④底线规则：行政检查 5S（整理、整顿、清扫、清洁、素养）通报不合格者后，第三方未在 24 小时内执行部门底线规则，上交娱乐基金 10 元/次。

二、第三方办公室工作

1. 追踪领导人结果：监督领导人军规执行

①工作流程：根据《创成领导人军规及底线规则》，按时间节点提醒本部门领导人遵守军规，如有违反，则第一时间在公开平台执行底线规

则，或及时上报至第三方处。

②时间节点：事件发生后 24 小时内提醒（如课程结束后、相关通知与指令发出后），事件达到截止时间后 24 小时内通报。

③信息反馈要求：通报格式为"按照创成领导人军规第×条××内容，××部×总应在××前完成××事项，截止××时间仍未完成，按领导人军规底线规则须承担××，并予以通报批评"。

④底线规则：未及时通报或反馈给第三方，相关绩效考核减半。

2. 参加公司会议：领导人月度会议

①工作流程：按照第三方办公室轮流值班安排，按时参加公司举办的相关会议，或临时会议需要第三方办公室配合时，做好主持、记录、运营、第三方助理等相关岗位工作。

②时间节点：会前 15 分钟一切准备就绪，会后 24 小时内发送相关报告。

③信息反馈要求：按标准话术进行主持、按标准会议报告格式进行整理发送。

④底线规则：会前准备工作不到位上交 20 元娱乐基金，会中出现重大流程错误上交娱乐基金 10 元/次，会后未及时发送报告上交 20 元娱乐基金。

3. 部门信息反馈：质询会及重大会议报告

①工作流程：部门召开月度工作质询会或其他重大会议，及时将总结信息反馈至第三方办公室。

②时间节点：会后 24 小时内将报告发送给相关领导，并抄送至第三方办公室群。

③信息反馈要求：按标准会议报告格式进行整理发送。

④底线规则：会后未及时发送报告上交 20 元娱乐基金。

4. 每月稽查报告：追踪当月稽查主题

①工作流程：按照第三方办公室轮流值班安排，每月初会议确定当月稽查主题，每周将信息反馈到值班人处，每月末做出稽查报告。

②时间节点：各部门每周六中午 12 点前将本周稽查结果反馈给值班人，值班人每月 2 日中午 12 点前作出稽查报告。

③信息反馈要求：对所有违规现象及时拍照、截图留存，保证有据可查；将相关素材做成 PPT 格式，并将重点违规行为打印张贴。

④底线规则：部门第三方未及时反馈上交 10 元娱乐基金/次，值班人未及时公布稽查报告，相关绩效考核减半，并上交 20 元娱乐基金/次。

三、其他工作

1. 邮件平台管理

①工作流程：第三方进行各部门邮件平台管理，负责新员工添加、信息修改、离职员工账户注销等工作，并规范邮件平台签名、主题格式、定期清理等。

②时间节点：新员工办理入职后 48 小时内添加账户，办理离职后 24 小时内注销账户，邮箱后台每月至少清理一次。

③信息反馈要求：规范所有签名标准格式、发送邮件的主题格式，设置因收件箱容量不足而导致退信的底线规则，并严格执行；要求方案总监以上人员至少每两天查看一次邮箱，并回复相关邮件。

④底线规则：未严格执行底线规则，第三方负连带责任上交 10 元娱乐基金。

2. 会务打分跟踪

①工作流程：各地当月销售课程结束后，由值班人跟进讲师、总运营对各关键岗位人员的打分表，对打分结果进行公示，并在每月初进行全国排名公示。

②时间节点：每次课程结束后 48 小时内公示，月度排名每月 30 日下午 6 点前公示。

③信息反馈要求：准确记录各关键岗位人员得分及排名，并将结果发送至邮件、微信平台，月度排名打印张贴。

④底线规则：未及时公示课程排名上交 10 元娱乐基金，未及时公示月度排名上交 20 元娱乐基金。

总部建立第三方办公室，统一管理第三方（如表 6-14 所示），分子公司运营兼任第三方助理工作。

表 6 – 14 　　　　　　　　　　　**第三方工作信息**

工作类别		权重	结果设定 （清晰、量化、交换）	评分等级	自评	终评
1. 积分管理（10%）	积分记录	3%	积分加减分动态在一个工作日内更新，并录入软件			
	积分激励	2%	通过信息平台向领导申请，进行实时积分正负激励			
	积分传播	5%	①每周一 18 点前文化墙上公布上周积分综合排名情况，并将排行榜发送至邮件平台及负责人邮箱； ②每月第一周内在文化墙上公布上月积分综合能力排名，并将积分排行榜发送至邮件平台及负责人邮箱			
2. 日常会议运营（20%）	早会	5%	①提前一天安排好主持人、DJ，提前 5 分钟准备好音响； ②监督主持人按早会标准流程进行、监督迟到人员现场执行底线规则； ③记录迟到、缺勤人员名单，每月累积 3 次以上扣积分			
	质询会	5%	①会前：提前半天确定质询方名单，提前 2 小时将收集的表格发送给质询方；提前 15 分钟布置好会场，确保质询会准时开始； ②会中：按照正常流程、标准话术进行主持，安排好娱乐基金缴纳仪式及照相，监督第三方助理做好报告记录； ③会后：24 小时内按标准要求完成质询报告，并提交给相关领导人			

续　表

工作类别		权重	结果设定 （清晰、量化、交换）	评分等级	自评	终评
2. 日常会议运营（20%）	月度研讨会及内部价值会	5%	①在会议结束当天24点前将会议纪要报告发给相关领导； ②会后24小时内形成节点计划提醒管控表，跟进落实各领导工作事项			
	临时会议	5%	①会前：接到领导通知后，第一时间通知所有参会人员，确保大家准时参与；提前15分钟布置好会场、准备好相关资料； ②会中：根据领导安排，按要求做好会议记录； ③会后：及时与领导对接，确认需总结、通知、安排的事项			
3. 课程会务运营（10%）	课程会议前	3%	①会议前一天完成会场布置完毕（投影仪、音响设备调试、会务物资、提交助教名单等）； ②会议前一天做好讲师接待			
	课程会议中	4%	①听从会务总指挥做好会务工作； ②监督会务人员现场执行底线规则			
	课程会议后	3%	①整理物资； ②结束第二日上午10：00前提交会务总结			

续 表

工作类别		权重	结果设定 （清晰、量化、交换）	评分等级	自评	终评
4.结果追踪与绩效核查（30%）	日结果计划统计	3%	每日统计各部门主管日结果及日计划			
	YCYA跟进落实	10%	根据YCYA时间节点跟进落实进程与结果			
	过程追踪	5%	根据日结果及计划按节点跟进过程			
	结果检查	5%	落实结果，对结果进行属实检查			
	定期考试	5%	定期对即将达标人员进行晋升考核，将考核结果汇总提交给相关负责人			
	月度绩效核查	5%	对人员考核表中各项指标数据来源进行核对和审查			
	晋升、降级评定	3%	根据考核与绩效核查评定人员晋升与降级评定，提交评定报告到相关负责人			

工作类别		权重	结果设定 （清晰、量化、交换）	评分等级	自评	终评
5. 娱乐基金管理（10%）	收支统计与公布	5%	及时将当天娱乐基金录入收支表并定期公布			
	娱乐基金使用	5%	按照娱乐基金使用规则，管理使用娱乐基金			
6. 管理墙维护更新（10%）	文化墙更新	3%	根据公司安排进行文化墙的更新			
	分享墙更新	2%	每次公司活动或会议后将活动照片进行张贴			
	政令宣导张贴	5%	及时将公司政策进行宣导，并张贴到公告栏			
7. 日常事务（10%）	底线规则	5%	①底线规则的制定及编制 ②对底线规则进行监督及执行			
	其他日常事务	5%	其他日常事务			

自评总分：　　　　　　终评总分：　　　　　　　绩效等级：

执行人签名：　　　　　　　　　　　　　检查人签名：

审批人签名：

小提示

这里所谓的第三方机构指的是系统运营者、结果追踪者、文化倡导者、信息传播者。要想提高管控力，一定要认真对待这些方面。缺少了任何一方，都会给管控力带来负面影响。

第七章
凭什么复制扩张：培训力

　　培训是企业持续发展的力量源泉，可以让企业在日益激烈的人才争夺中独占鳌头；培训是解决问题的有效途径，能够有效改变员工的某些不当行为。从这个意义上来说，对员工实施培训是现代企业人力资源管理的重要内容。

培训要分三步走

1. 第一步：从理念到动作的分解

　　什么是管理？顾名思义，就是通过管人达到理事的目的。今天，有很多企业管人管不好，理事理不顺。其实，领导者完全可以换个思路，把管理倒过来——"理管"。先将关系理顺了，再来管理，如此管理也就不是什么难事了；如果没有将关系理顺，直接管理员工，就困难了。那么，怎样理？其中一个重要的途径就是：从员工身上下手！

　　其实，有效管理就是一种团队合作的良好状态。可是，合作是有前提条件的，那就是合作个体要具备相应的素质。如果个体素质太差，合作也就无从谈起。只有教会员工如何按这个体系把事做对，以及如何在这个体系规定的空间和轨道上迅速提高技能，才能创造出最大效益。这就需要培训！

　　培训是管理的重要核心内容，是一切管理方法最终落地执行的保障。

研究发现，企业最大的经营成本和经营风险往往来自于没有经过培训的员工。

（1）培训要从理念教育落实到动作分解

很多企业会高薪延聘培训师来讲课，可是讲完后总觉得"讲的挺好，也很对，可是没多大用"。认为这些课程都是理论性太强，对业务实战没有具体的指导作用；听课的时候挺"热闹"，听完课却没有得到自己想要的结果。其实，这正是困扰老板"培训是否有必要"的症结所在——培训到底有没有效？

那么，什么是有效的培训？员工希望得到的最佳培训往往是，今天听完课明天就可以应用于实际操作中去；老板希望得到的最佳培训往往是，能很快地在市场上有所回报。于是，能否让学员尽快学以致用，对他们的实际工作形成指导，也就成了衡量培训效果的重点指标。这种心态听起来似乎有点急功近利，但的确是企业需求之所在，因为如果员工不具备基本业务技能，就会给企业造成巨大的损失。

培训虽然不是万能的，也不能创造奇迹，但至少可以让员工少做错事、避免无谓的牺牲，甚至含冤"死去"。在现阶段，对大多数企业来说，好的培训效果应该是能让员工迅速吸收，能尽快运用于实践；能让员工明白自己以前为什么错、错在哪里，争取少做错事、提高效率。

（2）使培训达到实战指导的效果

期望培训达到的效果，一般都是能够有效地指导实战，所以公司的培训部门在设置培训教材（尤其是专题培训）时一定要注意，要尽可能地抛开传统营销理论对自己的束缚，每个问题都要考虑员工做这项工作从头至尾的整个过程；要紧扣员工的实际工作场景、工作步骤和工作中可能遇到的疑难问题，以此为框架，然后填充内容，使培训教材和实际工作情况完全结合起来。

另外，需要注意的是，接受培训的员工大多是奔波于市场一线的工作人员，并不是营销理论研究者，个人素质参差不齐，接受能力有限，仅靠一点理念灌输是很难迅速领会并自创工作思路的。所以，要尽可能地把理论变成动作分解，把"应该做什么"变成"怎样去做"，将具体的工作方法教给员工。虽然这种方法看起来似乎有点平常，毫无新颖可言，可是却会大大增强员工的积极性和吸收效果。

2. 第二步：工作场景及步骤的分解

在竞争日益激烈的今天，不管何种类型的企业都日渐重视人本管理和人力资源的开发。"培训"作为人力资源开发的一个重要环节，也显得日益重要起来。那么，企业该如何安排好培训，把培训实施到位，以期来实现自己的培训目标呢？

（1）步骤一：确定培训课程

要想确定培训课程，前期一定要进行详细、可靠的培训需求调查。目前，大多数公司都会设计一份调查问卷，在问卷中罗列一大批课程名称，让大家选择，然后确定培训什么课程。

其实，这样的培训需求调查仅是个人兴趣的调查，并没有将公司的发展战略和人力资源长远规划结合在一起，危害是相当大的。用这样的课程来对员工进行培训，只会出现绩效的下降，只会让人才流失得更加严重。所以，确定培训课程时，一定不能跟着感觉走。

（2）步骤二：选择培训方式

在选择培训方式的时候，首先要区分所要培训的课程是知识方面的，还是技能方面的，或者是态度方面的？

如果是知识方面的，就要采用多媒体 VCD 培训或者参加公开课。如今，很多公司都喜欢参加大型公开课，这种大型公开课动辄几百人，如果是知识方面的培训倒也无可厚非，可是很多课程却是有关技能方面的，大家在课堂上仅仅听一听，得不到互动式的练习，所以是很难保证培训效果的。

如果是技能或态度方面的培训，就应该选择公开课、内训或内训公开化。具体来说，如果需要培训某课程的人数较少，比如：少于5人，最好选择公开课；如果选择参加某课程的人数在6~15人之间，可以选择内训公开化的形式；如果人数在16人以上，最好引入内训；如果公司长期招聘

不到某些方面的人才，说明这方面的人才很少，就要考虑代招代训的方式了。

（3）步骤三：确定培训时间

在整个培训过程中，培训时间的选择必须有一个准确、严格的计划，最好在培训前的一个月确定，准备时间越充分，培训效果就越好。

很多公司培训没有计划性，今天听说某课程不错，就马上参与某个课程；明天听说某课程不错，又去参加另外一个课程……长此以往，必然会造成培训费用的巨大浪费，培训效果也就不理想了。

（4）步骤四：选择培训师

任何一家企业都会在培训之前把选择、评估培训师看成重中之重的工作，这也是能否使培训达到最佳效果的关键。

众所周知，培训师可以分为八种类型，分别是卓越型、专业型、技巧型、演讲型、肤浅型、讲师型、敏感型和无能型。

如果属于技能方面的培训，培训师就要采用多种培训技巧，培训师必须具备丰富的知识含量，必须有个人魅力；而且，如果课程的参与人数在30人左右，培训费用相对比较高，最好选择卓越型培训师。如果实在找不到卓越型培训师，也可以选择专业型培训师。其他类型的培训师万万不可选择，否则即使投入的培训费用不多，也会造成时间、资源的浪费。

如果是知识方面的培训，只要选择演讲型培训师即可。这是因为，在传授知识时，只要老师讲得有趣味性，使大家听得津津有味，就可以实现培训目的。

（5）步骤五：培训的执行

培训现场的准备工作是比较重要的，比如，选择合适的培训教室、教室内桌椅的摆放、音响设备的调试、培训辅助器材的准备等都需要提前安排好。

3. 第三步：落实到实际的动作分解

如何使培训达到实战指导的效果呢？技能培训要贴近员工的实际工作场景，要把理念宣导落实到具体的动作分解。

尤其是对具体的工作事项，比如，怎样选择新经销商、超市进店谈判等，培训师要尽可能抛开传统营销理论对自己的束缚，要充分考虑员工做这项工作从头至尾的整个过程，使培训教材和实际工作情况完全结合起来。

例如，有关经销商的选择，工作人员的工作场景和步骤大致如下。

到达陌生市场→拜访批发商进行初步筛选→选出重点批发商逐一进行沟通→得出经销商候选名单→对候选户逐一深度访谈锁定目标→谈判→签协议→共同开发市场。

在这一培训项目中，需要突破的难点是：

①搞清楚厂商之间的关系实质，自己扮演什么角色，经销商扮演什么角色。

②经销商选择的整体思路和工作步骤。

③如何说服客户，激发他对经销本产品的兴趣。

依据以上内容，设计教材的时候可以按照这样的思路进行。

（1）给员工一点理论教育

①让员工建立正确的观念。

要让员工正确地看待厂家和经销商之间的关系，纠正常见错误思想，比如，做经销商管理就是做客情，做客情就是做江湖义气，酒量大销量就大，关系好销量就好等。

②给出经销商选择的整体思路。

选择经销商不是越大越好，要全面考虑，不但要考察经销商的实力，还要看经销商是否有强烈的合作意愿、商誉、口碑、终端网络、行销意识等综合指标。

（2）把理论教育向下延伸变成实战场景教育并落实到动作分解

仅仅做到了上面两点，只能说员工只接受了泛泛的理论教育，听着很有意思，但是大多还不知道如何找到有实力、有行销意识、有合作意愿、有管理能力的经销商。所以，下一步的工作就是把理论教育向下延伸变成实战场景教育并落实到动作分解。

①告诉员工如何调查。

告诉员工有关经销商的实力、行销意识、终端网络、口碑等各项指标在实际工作中应该如何调查，每一个大指标可以拆分成多个小指标，通过哪些动作——问什么话、走访哪些区域、观察什么现象、收集什么数据、怎么发问、怎么走访……如此，才能对上面的指标评估逐一落实。

②建立客户评估模型。

知不等于行，人的思维有惯性，员工记了一肚子思路、动作、标准后，进入市场依然容易按过去的思维习惯去找客户。所以，要建立一个客户评估模型，让员工用这个模型做工具对候选客户进行评估打分，有效引导员工的思想和注意力不由自主地向前面讲过的标准和动作去发展。同时，还要将评估模型如何建立、主要内容、使用方法、注意事项等逐步落实到动作。

③制定工作流程。

员工明白了经销商选择的思路、标准、动作、评估工具，就一定能科学地找到经销商吗？不一定。到了陌生市场，面对那么多的人和车，不知道当地方言怎么讲，不知道批发市场门朝哪儿开，员工又会晕头转向，一肚子学问不知怎么用，所以还要给员工制定一份工作流程。告诉他到陌生市场下了车先干什么、后干什么、再干什么，像演话剧一样给他演一遍。

④告诉员工如何和客户谈判。

现实工作中，往往不仅是你选客户，更多的是客户选你。有些客户各方面条件都不错，但他对你的产品却不感兴趣，如何激发客户的合作意愿就成了经销商选择最终的问题，这也是难点问题，所以要教给员工和客户谈判的方法，激发合作意愿，比如，怎样分析客户的心态？谈判前做什么准备？谈判时要选择怎样的环境？什么时候保持沉默，什么时候要陈述观点？第一句话讲什么？经销商常见的疑虑和异议是哪几个？什么时候反驳、怎样反驳等，直至打消客户疑虑。

从建立正确观念到具备整体思路，仅仅是简单的理论灌输，只有把理论变成标准、标准细化为动作、动作再延伸到评估工具、进一步细化为动作流程，乃至重点难点解决方案示例、层层递进、抽丝剥茧，培训内容才会更贴近实际工作内容，更易于吸收，从而更有实战效果。

小提示

实战培训，从理论宣导到动作分解，是机会，也是难题！只有教会员工如何按这个体系把事做对，以及如何在这个体系规定的空间和轨道上迅速提高技能，才能创造出最大效益。这就需要培训！

榜样行为的影响力

1. 培训内容要有实战性

培训要有实战性，企业不能随便找一个培训机构为员工进行培训，即使是对方鼓吹自己的讲师多有经验，有多少个头衔，也不能轻易相信，要看看自己究竟需要的是什么样的讲师。

（1）根据不同的问题寻找不同的讲师

是营销上有问题，还是管理上有漏洞；是品牌塑造上有瓶颈，还是样板市场打造上有疑惑……凡此种种，问题不同，解决办法也就不一样。

如果是营销上的问题，就要找有实战营销经验的讲师，让他们专门针对当前的市场问题给企业提出真正有效的建议，帮助企业解决问题。那些纸上谈兵的授课方式，就不受用了。如果是管理上的问题，就要寻找在管理上有建树的专注研究管理的讲师。

总之，每个问题都有不同的解决方法，不能看到对方有一堆头衔，就认为一定适合自己，盲目行事必然导致选择错误。

（2）看看对方是否真能帮助企业解决问题

即使你知道企业当前面对的问题，知道应该找哪方面的专业人士，也要看对方是不是果真在用心将培训作为解决企业问题的重要手段？授课内容是不是千篇一律，而不是针对企业个体？有的讲师确实有着丰富的经验，但每次培训讲授的内容都一样，如此就不行了。

企业要的是能解决自己的问题的培训，别人的历史、别人的辉煌听了一堆也未必受用，这点尤为重要。也就是说，将实战融入到培训当中是至关重要的！真正的实战培训，不仅需要足够的理论知识，更需要多年从事营销工作的实践经验和成功的操盘案例，只有将理论与实践结合起来，效果才会更好！

在经营过程中，企业每时每刻都会遇到问题，有的问题可以通过企业内部研究自行解决；如果遇到自己内部消化不了的问题，就要寻求外界的专家、权威来帮助自己尽快解决问题，这也是最有效、最快速的办法！

概括起来，真正的实战培训应做到以下两点：

①最大限度地规避市场风险，充分发挥自身优势，准确定位、合理布局，求得所选择项目和产品最大的生存机会；

②通过产品的精耕细作，在某些局部区域市场建立自身的宣传网络和经营强势，争取以尽可能小的投入获取最大的效应，让有限的资金通过营销手段和市场资源的充分整合，裂变成巨大的核能效应；让企业通过培训快速吸收、迅速找到自己的弱点，并尽快执行。

2. 将培训内容具体到每一步

培训，不仅有针对具体问题的业务操作专题培训，还有一类偏重于素质教育的课题。如谈判技巧、管理技能、企业文化、时间管理等，可以增强企业凝聚力，提高员工的职业素质。

对企业来说，专题培训是针对性解决实战问题，素质教育则是给整个团队全面营养，也应该尽可能地落实到动作分解。比如，销售经理的培训。

与其告诉他管理如何重要，管理有哪些先进理念，有多少种理论流派，让他越发觉得管理神秘浩瀚，不知从何处下手，倒不如花几天时间这样做：

①告诉他，一个成熟的经理应该怎样做事，平时最容易碰到哪些问题，该如何处理、如何解决；

②告诉他，销售经理每周、每天、每月的例行事务是什么；

③演示给他，"销售经理典型的一天"的动作流程，让他学会如何主持业务会议、如何反驳员工为自己开脱的种种借口、用哪些制度和表单监控下属，以及如何识别下属的虚假、谎报行为；如何有效地检核下属、办事处的工作不被下属临时突击的市场假象所迷惑。

3. "残局破解"要有章可循

培训内容的实战性还体现在不能只放马后炮，不但要讲应该怎样做正确的事，还要讲以前做错的事怎样补救。只讲怎样做正确的事，员工可能明白以前哪里做错了、为什么做错了、应该是怎么做，但问题是很多局面已成事实。经销商已经选错、二批已经开始砸价、跨区冲货已经泛滥、客户已经拖欠货款、超市已经要把产品清场……

面对残局如何破解往往事关企业眼前利益，需求更迫切、员工也更关心。这时，就要求培训师有更深层的实战背景，不仅要重视这些残局的破解方法，更要落实到实战动作分解，否则会得到学员一片嘘声。

> 例如：在超市业务运作的过程中，最让人头疼的莫过于对"特价"活动的掌控，尤其是跨国连锁大超市擅自对产品做特价，往往会引起连锁反应——未做特价的中小超市联手抗议，要求厂家给予同样的"特价政策"，否则就把你清场；其他大超市纷纷以更低价格跟进，不仅将损失直接从货款里扣除，还要罚款；整个价格体系出现混乱，批发通路无法出货，整体就会出现瘫痪。

类似这种营销残局问题，学员期望学到的绝不是"应该如何合理设置价格，防止问题发生"之类"事后诸葛亮"的说教，他们更想知道，事情发生了，我们该怎么办？这时候，就可以给学员提出这样的建议：如果大卖场有恶性砸价的实力，企业的业务主管应该在日常工作中勤加拜访，维系客情；如果条件允许，可以专门设置大客户部专项跟进。

就连卖场采购也知道这种砸价行为对厂家意味着什么，良好的客情可以大大降低这种厄运临头的概率。一旦大卖场发生"恶性特价"，厂家销

售经理要立刻赶到，查明事情的起因。

比如，给超市破损/即期退换不及时，超市要特价处理这些不良品等，要尽可能地阻止这一行为的延续。如果该特价信息已经上刊（超市的特价海报）无法中止，可以与超市采购经理/科长协商，争取将绝大部分产品下架并减少陈列排面和海报，给消费者留下这样的印象：该特价产品在超市"很不起眼""存货极少""已经售完，有价无货"。

如果采用了这些措施都不能奏效，就要当机立断，立刻给该超市停货，同时还要安排人员尽早尽快去超市抢购该特价产品，这一点点损失相对整体市场的瘫痪是微乎其微的。要主动与当地其他大超市沟通，"负荆请罪"，防止大超市连锁砸价；要主动告诉他们："××超市把我们的产品打了特价，我们已经制止，给您带来工作不便请您原谅。后续我们会给您的店里投入促销活动等。"

如果中小超市联名要特价政策，否则把你清场，千万不要轻易妥协，否则，第二天大超市采购经理就会找你谈话，要你提供更大的优惠，这样你就会陷入被动。

首先，要尽可能地向中小超市说明：这次特价是个意外，而且很快会制止，大卖场价格比小超市低也是正常现象。如果对方坚持要以清场要挟，你就得认真考虑一下，看看舍弃大卖场和舍弃几个中小超市哪个划算？

然后，以壮士断臂的勇气，用简单的原则来解决这一复杂事情。因为，只要你的产品好卖，今天清场，几个月之后还可能进店。

4. 培训课题要形成完整的系统

企业培训体系是指在企业内实施培训的组织机构、职责、方法、程序、过程和资源等诸多要素构成的整体。这些要素形成一套结构化的动态体系，能够在企业内部建立深层次的学习循环，不断提升员工和企业的学习力，进而不断提升企业的核心竞争力。

培训可以让学员迅速吸收，学以致用，但不够全面。要想全方位地提高工作人员的素质和管理技能，设置培训的课题时最好能互相关联、突出逻辑次序，形成完整的培训系统。

（1）培训系统的两条主线

培训系统主要分为两条主线：

①渠道管理培训。

渠道管理培训主要包括：经销商、零店、商超各渠道的业务操作技巧和相应的管理技能。而且，每一个渠道的专题培训要分级别设置"步骤一""步骤二"等由浅入深的阶梯式教程。

②管理技能培训。

管理技能要紧扣销售经理在实际工作中经常遇到的具体工作事项、重点问题，比如，管理者的角色转换、人员管理基本技能、市场巡查、销售政策制定、业务会议主持、账款管理、促销管理等。

通过这两条主线的有机结合，员工在业务专题培训阶段就会逐步掌握各渠道客户的拜访、管理、控制方法，随着工作经验和职位的成长，进入管理培训阶段，体会管理者与执行者的差异，掌握销售经理常用的必备的专项管理技能，最终全方位地提高自己的销售技巧和管理功力，成为基本功扎实、一线经验丰富、管理手段纯熟的销售精英。

为了彰显培训的实战效果，要通过五大步骤的运用，真正实现营销培训的"落地"。

步骤一，通过情景对话式的培训教材设置，使营销培训更贴近销售人员的工作场景；

步骤二，落实到动作分解的培训风格，使学员能迅速吸收学以致用；

步骤三，注重残局破解的培训方法，解决学员的实际困难；

步骤四，结合实际，落实到管理者常用专项技能的管理培训，使最容易理论化的管理素质教育变得更实际；

步骤五，通过渠道营销和管理技能教育两条主线的有机结合，实现培训的系统化。

培训体系是动态平衡的体系，包括培训课程体系和培训讲师调整，及如何激励学员培训意愿，如何开发和管理培训供应商，如何把培训课程的内容转化为工作流程和规范化的操作文件等，这些都是培训管理体系要考

虑的，并要制订相关制度加以落实。

（2）培训体系的建设

一个完整的培训体系，主要包括三大部分：制度、课程和讲师。其重要性和内容如表7-1所示。

表7-1   **培训体系**

项目	重要性	内容
制度	制度是基础	包括培训管理办法、培训计划、相关表单、工作流程、培训评估办法和内部讲师制度
课程	课程是灵魂	包括课程设计、课件的制作、讲义编写、课程的审核评估
讲师	讲师是载体	讲师是培训体系中的执行者，扮演的是演绎课程的角色

①培训制度。

培训制度的作用在于规范公司的培训活动，培训管理办法中应充分体现培训的过程及培训结果评估将与员工的绩效考核相结合；内部讲师制度应体现出选拔和激励内部讲师的精神，起到管理内部讲师、规范内部讲师授课行为的作用。

要想建立培训体系，首先，要建立培训制度，设计培训工作流程，制作相关的表单，制订培训计划。其次，要做好培训调研，即根据公司的发展规划和人力资源规划，针对培训体系建设提出问题，对公司情况进行全方位的了解，并作出调研报告，确定岗位核心胜任知识和技能，提出培训目标，制订出相应的培训计划。最后，根据培训计划进行课程设计。

②培训课程。

培训的目的是提高员工的知识和技能水平，那么如何建立合理的课程体系呢？

首先，要根据岗位说明书和作业指导书对现有岗位进行有效的岗位分析，提取该岗位的核心胜任技能和关键技能。

其次，对在岗员工的知识和技能进行测评，找出改进点。

最后，根据改进点进行培训课程设计。

这是一种以胜任岗位、改进工作为目标的课程设计方式。课程设计、课件的内容、课程的审核评估要根据培训目标的不同而发生改变。

③讲师。

讲师的主要职责是将该课程的核心精髓传达给学员。一个好的讲师，不仅要对课程涉及内容有很深刻的了解，还要掌握适当的授课技巧。如技术类培训课程的讲师，首先必须是一个技术专家，对该项目有充分的了解，培训部门能够帮助他完成的仅仅是改善授课技巧。

（3）培训评估

有了制度的保证，完成了课程的编、导、演，接下来的任务就是培训评估。目前，培训评估是最受企业关注的问题。没有评估的培训很容易变成"赔训"，无法达成预先设定的培训目标。

一般，培训评估包括两部分：课程评估和培训效果。其中，课程评估又可以分为课程内容评估和授课效果评估。课程内容评估，主要评估的是课程内容是否与培训目标相吻合，是否体现了培训的目标，采用的是量化关键指标的评估方式。授课效果评估，主要是评估讲师的授课技巧和演绎方式是否能被学员所接受，采用的是问卷调查方式。

培训效果评估的关注点是员工知识和技能的提升，可以采用书面考核和训前训后两次测评的数据差的形式来完成。

小提示

培训要有实战性，企业不能随便找一个培训机构为员工进行培训，即使是对方鼓吹自己的讲师多有经验，有多少个头衔，也不能轻易相信。对企业来说，营销培训是针对性解决实战问题，素质教育则是给整个团队全面营养，也应该尽可能地落实到动作分解。

用标准化的文字和流程提升培训力度

1. 找到影响目标达成的因素

周先生是一家国营机械公司新上任的人力资源部部长，在一次研讨会上，他了解到一些企业的培训搞得有声有色。为了提升人力资源部的新面貌，回来后便兴致勃勃地向公司提交了一份全员培训计划书。

公司老总是个开明的人，批准了周先生的全员培训计划。周先生深受鼓舞，踌躇满志地对公司全体人员——上至总经理，下至一线生产员工，进行了为期一个星期的脱产计算机培训。为此，公司还专门下拨十几万元的培训费。

可是，结果，除了办公室的几名人员和45岁以上的几名中层干部有所收获，其他人员要么收效甚微，要么学而无用，十几万元的培训费用只买来了一时的"轰动效应"。一些员工认为，新官上任所点的"这把火"和以前的培训没有什么差别。甚至，有小道消息称，此次培训是周先生做给领导看的"政绩工程"，是在花单位的钱往自己脸上贴金。

周先生对于这些议论感到非常委屈：给员工灌输一些新知识怎么效果不理想呢？周先生百思不得其解。

员工培训是企业提升员工素质与技能进而实现企业发展的重要手段，通过员工培训，不仅可以拓展员工职业发展空间，还可以激励和稳定优秀员工。可是，在培训时，如果不重视培训自身的一些规律和原则，是不可能达到预期的培训效果的。案例中出现的培训问题就与忽视这些规律和原则有关。

（1）培训与需求严重脱节

在一些企业中常常发生这样的情形，公司高层认为"花了大量精力搞培训，却在中间管理层贯彻得不好"；中层管理人员则说："不明白现在的员工到底想要什么"；一线员工埋怨道"上面思路不明"。结果，用心良苦的培训换来的是几乎所有人的不满。究其原因，主要在于培训与需求脱节，没有摸清员工的真正需求。

案例中，周先生完全没有考虑员工的需求，目的是让老总看到人力资源部的新气象，而不是以是否需要培训为出发点。如果员工看不到培训给他的工作和职业生涯发展带来的益处，他会感到厌倦，甚至对培训产生反感。员工素质参差不齐、岗位不一，培训需求各异，不能给全体员工开同一个"药方"，全体员工不同喝"一罐药"。

周先生就犯了这个错误！他没有深入基层进行培训需求调研分析，他没有明确：培训要达到什么目标，哪些人需要培训，需要什么样的培训，如何安排培训内容，培训的预期是什么，需要采取何种方式进行培训，仅凭自己的热情振臂一呼大搞培训。

（2）培训层次不清

根据岗位特色、员工层次，选择合适的受训人员和培训内容是企业培训成功的必要条件。周先生认为，上至总经理，下至一线员工都需要接受培训，忽视了员工的层次性。如果是对全厂员工统一进行培训，应该灌输企业文化、企业管理制度，主要进行人格的培养，价值观、向心力的培养和职业道德的培训。

（3）培训没有评估

培训评估是监督和检查培训效果不可缺少的一个环节，只有重视培训的全面评估，才能改进培训质量，增强培训效果，降低培训成本。培训评估不仅关系到培训工作本身是否做到位，更是一个不断反思的过程。

培训效果评估，主要包括四个层面：反应层面、学习层面、行为层面、结果层面。前两个层面的评估较易在培训过程中实现，是比较基本、普遍的评估方式，可以通过问卷、笔试、角色扮演、技能测试等形式来进行。反应层面旨在考察受训人员对培训的内容、方式、培训师等的满意度。学习层面旨在了解受训人员通过培训、知识以及技能的掌握方面有多

大的提高。

后两个层面的评估发生在培训之后，用来衡量受训内容运用到工作中，是否有助于提升企业效率。行为层面的评估主要由上级或同事观察受训员工行为在培训前是否发生变化，是否有助于推动个人及部门工作。周先生所倡导的培训，花费了十几万元，仅买来了一时的"轰动效应"，培训不是"花架子""走过场"，结果层面的评估主要衡量企业是否因为培训而经营得更好。

2. 有效实现培训的最终目标

(1) 做好培训需求分析

有效的企业培训，必须事前做好培训需求分析。

培训需求分析是培训活动的首要环节，既是明确培训目标、设计培训方案的前提，也是进行培训评估的基础。企业可以运用多种技术和方法进行培训需求分析，可通过数据调研、问卷调查、面对面访谈、员工申请等形式来从以下三个方面开展。

①为什么要培训？培训与企业效益、员工职业发展关联度有多大？

②要开展什么样的培训，需要培训哪些内容，是专业知识的培训，还是技能和素质的培训？新员工需要什么样的培训？老员工需要什么样的培训？

③对培训的组织实施有什么特别要求？从培训方式、培训时间、培训地点、培训教材、培训讲师等来了解员工对培训组织方式的信息。

(2) 尽量设立可以衡量的培训目标

一项培训成功与否决定于是否确立可衡量的培训目标，例如，可为一个新销售员设立这样的培训目标："在两周之内显示出介绍所在部门每种产品之功用的能力。"这一指标就可用作衡量内行化即该员工培训后是否掌握了应掌握的东西的一个标准。

类似的标准还有：

①工作数量上的提高，如每小时产品加工率、处理文档的速度等。

②工作质量上的提高，如重做工作的货币成本、废料损失或错误

数量。

③工作及时性的改善，如达到时间安排要求的情况或财务报告按时呈递的情况。

（3）设定一套硬性的培训考核指标体系

任何一项制度离开了考核便形同虚设，既可以把培训的参与次数、培训考试成绩、课堂表现和结业证书作为考核指标，也可以把考核结果与加薪、晋升、持证上岗、末位淘汰相结合，如此考核才真正具有意义。

（4）培训中要实现互动

在培训过程中，要重点检查员工对培训内容、培训方式的满意度，可以通过问卷调查或信息反馈卡及时了解员工对培训的意见和建议，了解培训的内容与实际问题的关联度、培训内容的难易程度是否适当等。之后，要与培训机构或培训师沟通，从而有效避免员工学而无用或"消化不良"。

（5）重视培训的价值体现

企业要为员工提供体现培训价值的机会，不仅可以采用"合理化建议"的方式，也可让培训后的员工培训未参加培训的员工。这样，就对受训人员提出了更高的要求，但同时也给他提供了一个体现培训价值的机会。如此，员工就会做得很认真，效果自然也会好。

3. 制定达成目标的关键策略

一般情况下，企业内部的培训都是由人力资源或培训经理负责联络与协定的，要经历这样一个流程：需求探访与汇总、培训计划制订与报批、师资寻找与确定、效果追踪。如果培训没有达成目标，通常不是流程出了问题，而是每个环节出现了纰漏。

那么，如何来实现培训的目标呢？下面我们就培训流程中的各环节逐一进行分析。

（1）需求探访与汇总

很多时候，缺乏经验或粗心的人力资源经理听到的结果往往是"需要"；而细心的人力资源经理在做这一环节工作时会发现，调查需求的时

候会涉及被调查人对培训结果的期望值：有的人在接受需求调查时会顺便说出来或表现出来，有的人会闭口不言……其实，无论说与不说，在每个人的内心深处都有一定的期望，并且每个人对培训结果的期望差异很大。

这样的期望概括起来一共有两种情况：一是希望具体有效地提升销量，二是只要洗洗脑子、增加一些新的理念和启发即可。如果是第二种期望值，培训效果的"满意率"通常会比较高；但如果是前者，就进入了一种误区。

培训不是灵丹妙药，无法做到药到病除。客观来讲，如果营销技能类的培训做得好，通常可以在一段时间内、一定范围内提升销量，否则即使企业花再多的钱也是无用的。可是，从严格意义上来说，即使是优质的培训，也仅是能让学员多知道一些、多了解一些，很难真正做到。主要原因就在于，企业的机制和学员的习惯不是讲师所能改变得了的，仅仅会对其产生一定的影响；每个员工的素质等都是不同的，在"做到"和"做好"之间容易出现一定的差距。

安排培训前，人力资源经理通常都希望培训师能够满足不同学员的需求。可是，事实告诉我们，很多培训结果往往是事与愿违。究其原因，除了培训师能力不达标外，还有一个很重要的原因——双方都忽略了学员的期望值问题：期望值越高，满意率越低；期望值相对低，满意率则高。

有经验的培训师通常都知道如何在培训调查时降低学员的期望值，但缺乏这方面经验的培训师往往都做不到位，让人力资源经理的"面子"不好过。之所以会出现这种结果，在很大程度上是由学员"隐性需求"造成的。所以，人力资源经理在做需求调查时，可以顺便做一下"期望值调查"，并落实到文字上，以便讲师在后期的工作中予以注意和调整。

（2）培训计划的制订与报批

经过需求调查，之后实施培训，往往不是简单的一天培训。对于大多数公司来说，很可能是一个系列、系统的培训体系，因此在做培训规划时，不能简单到只是谁参加、什么时候做、做几天、每天题目是什么等，要把课程体系设计、课程目的与目标、费用预算等重要项目一起做进去。

可以找几家经过筛选的咨询公司帮忙，方法很简单：利用3天的时间，分别约见几家咨询公司，把公司的详细需求介绍给咨询公司的培训顾问，请他们代为设计培训规划与方案，以便获得来自专业人士的意见与建议，帮助人力资源经理快速、正确地做出培训计划与方案。

（3）师资寻找与确定

师资的寻找和确定也是最重要的阶段，这里提出几点建议供参考。

①不要唯大是用。

不一定非要找大的名牌咨询公司合作。如今，咨询公司与培训师之间的合作方式大多为松散型，大咨询公司能请到的培训师往往一些小公司也可以请到，这和培训师的自我推广意识提高及跨区域经营自己的思路有关系。事实证明，最终的合作愉悦程度并不会因为是大公司抑或小公司而出现较大的差异，可是两种不同档次的咨询公司在报价上却会出现很大的差异，这就会直接影响到企业对培训的实际投入。

②寻找适合自己的。

对于企业来说，最适合自己的才是最好的，要综合考察培训师的人品、个人素质、知识结构、能力、曾经培训企业等。受训部的负责人要与培训师进行电话或面对面沟通，一方面便于自己做出师资的选择，另一方面也给了培训师一个充分、全面了解企业状况与培训需求的机会，有利于培训的后期实施。

③不选超级讲师。

古语说得好："术业有专攻。"对于那些没有专注课程的"超级讲师"或提供"全面中介式服务"的咨询公司，最好不要选择；即使选了，结果也会令人失望。

④从侧面了解。

从侧面向咨询公司及培训师服务过的企业进行了解也是十分必要的，但也不可完全、片面地以此为依据，因为毕竟咨询公司与培训师在成长的

不同阶段的服务品质也是不同的；而且，还可能受行业及学员状况、授课内容等因素影响。

⑤查看对方的公司。

在确定合作伙伴前，可以到咨询公司的办公室去坐一坐，通常他们不会拒绝。考察时，不要过于重视硬件，要重点考察咨询公司的管理风格、企业文化。即使是再能伪装的公司在办公室里也会露出一丝蛛丝马迹，如果你够仔细，相信一定可以通过对方的员工风貌、办公秩序、客户来电等处理上有所觉察。

⑥不要计较价格。

没有利润的服务不是好的服务，过于压低价格可能会导致咨询公司找借口偷梁换柱或殆于课程品质与后期服务，因此不要在价格上过于计较。

⑦查看培训师以往的授课情况。

如果在培训前确实无法见到培训师，为了了解授课风格及专业程度，可以让咨询公司为你提供培训师授课企业清单、课程清单、授课光盘、相关行业的课程满意率评估；同时，为了有效降低风险，还要请咨询公司提供本次课程的满意率承诺（与培训费挂钩）。

（4）效果追踪

为了保证培训效果的延伸，培训经理在选择合作的咨询公司时，要充分考虑售后服务的项目与实施方案，这是考量咨询公司整体运作与服务水平的关键所在。

4. 制定与关键业绩达成的指标

关键业绩指标（即 KPI 指标），是企业绩效考核的方法之一。确立KPI 指标的要点在于流程性、计划性和系统性，其具体的操作流程如下。

（1）培训经理考核指标

①考核指标设计（如表 7 - 2 所示）。

表7-2　　　　　　　　　　考核指标设计

指 标	说 明	考 核
培训计划管理	培训计划完成控制	培训计划完成率
培训管理	人均培训管理	人均培训时数
	培训考核时数	培训考核按时完成率
	个人培训管理	个人培训参加率
	培训渠道拓展管理	培训渠道拓展计划达成率
培训资源	培训设备管理	培训设备有效利用率
	教材修订管理	教材修订及时率
	课程设计管理	课程设计通过率
	培训资料归档管理	培训资料归档及时率
人员管理	核心员工管理	核心员工保有率
规章制度管理	管理下属的行为	规章制度的执行
学员管理	使培训让员工满意	学员满意度

②关键指标设计（如表7-3所示）。

表7-3　　　　　　　　　　关键指标设计

关键指标	说 明
课程设计通过率	
人均培训时数	
培训设备有效利用率	
教材修订及时率	
培训考核按时完成率	
个人培训参加率	
培训计划完成率	

③量化指标设计（如表7－4所示）。

表7－4　　　　　　　　　量化指标设计

序号	量化项目	考核指标	权重	指标说明
1	培训计划管理	培训计划完成率	10%	
2	培训管理	人均培训时数	10%	考核期内，每位员工接受培训的时数不少于_____课时
		培训考核按时完成率	10%	
		个人培训参加率	5%	
		培训渠道拓展计划完成率	10%	
3	培训资源	培训设备有效利用率	5%	考核期内，指标值达到%
		教材修订及时率	5%	
		课程设计通过率	10%	
		培训教材归档及时率	5%	
4	人员管理		10%	核心员工保有率

④定性指标设计（如表7－5所示）。

表7－5　　　　　　　　　定性指标设计

考核项目	考核内容	权重
规章制度管理	规章制度执行程度	10%
学员管理	学员对培训的满意度	10%

（2）课程研发主管

①考核指标设计（见表7－6）。

表7－6　　　　　　　　　考核指标设计

序号	指标	说明	考核
1	制度及流程建设	（1）起草课程培训部各项规章管理制度，并提交给课程研发经理批准。 （2）根据课程研发运作规则制定并完善部门管理流程	规章制度完整度

续　表

序号	指标	说明	考核
2	计划管理	（1）根据部门年度工作目标对工作任务进行分解，并落实到个人。 （2）组织实施部门培训计划，并参与培训	工作计划完成率
3	培训需求调查	（1）组织部门成员对企业培训需求进行调查，制定调查方向和实施步骤。 （2）根据调查结论撰写培训需求调查报告，并上交课程研发经理审核	需求调查报告提交及时率
4	课程研发管理	（1）根据培训需求调查结论组织、开发、收集并撰写培训课程。 （2）根据培训课程开展情况，对研发课程进行修订。 （3）参与所研发课程的反馈活动	培训课程研发及时率 培训课程设置合理有效评测
5	部门管理	（1）根据计划组织部门内部培训，提高成员业务水平。 （2）协助部门经理完善部门选拔机制，并对部门成员进行考核管理	计划完成率 部门成员考核合格率

②关键指标设计（见表 7 – 7）。

表 7 – 7　　　　　　　　　关键指标设计

关键指标	说明
部门成员考核合格率	
培训课程研发及时率	
工作计划完整率	
培训计划完成率	

③量化指标设计（见表 7 – 8）。

表 7 - 8 量化指标设计

序号	量化项目	考核指标	权重	指标说明
1	计划管理	工作计划完成率	15%	
2	培训需求调查管理	培训需求调查报告提交及时率	10%	考核期内，指标值达到_____%，每减少_____个百分点，该项扣_____分，指标值低于_____，该项不得分。
3	培训课程研发管理	培训课程研发及时率	15%	工作期间，能够按照规定的时间完成培训课程研发活动，不拖沓
		培训课程设置合理有效评测	10%	考核期内，指标值达到_____%，每减少_____个百分点，该项扣_____分，指标值低于_____，该项不得分
4	部门经理	培训计划完成率	15%	
		部门成员考核合格率	15%	

④定性指标设计（见表 7 - 9）。

表 7 - 9 定性指标设计

考核项目	考核内容	权重
规章制度完整度	有关课程研发规章制度健全完整	10%
学员满意度	通过学员对培训课程的满意度衡量	10%

🌐 **小提示**

　　员工培训是企业提升员工素质与技能进而实现企业发展的重要手段，通过员工培训，不仅可以拓展员工职业发展空间，还可以激励和稳定优秀员工。在培训时，如果不重视培训自身的一些规律和原则，是不可能达到预期的培训效果的。

执行篇
5K管理系统的三个入口

第八章
执行前：责任下移，自我管理

客户购买的是结果，而不是理由；企业与员工交换的是结果，而不是理由。工作中，管理者要规范自己的工作和职责，摆正对待工作的态度，懂得"责任下移，自我管理"。

结果设定（K1）

结果设定有三个标准。

1. 可衡量

工作中，管理者经常要给下属下达工作指令，要想让工作指令得到有效的执行，首先必须让员工知道，自己究竟要做什么、做到什么程度。也就是，要将工作内容和标准要求告诉下属。

给下属安排工作的时候，必须对工作有全面、准确地界定。其内容主要包括：工作的具体内涵是什么？为什么要做这项工作？工作的具体要求是什么？由谁来监督工作的完成情况？什么时候检查工作的落实情况？在什么时间和什么地点验收工作结果……简而言之，概括为四个字：于、用、完、达。之后，就可以清楚明白地下达工作指令了。

其实，所谓的"于、用、完、达"就是"格里波特四分法"的直接演绎，即从时间、成本、数量、质量四个方面来提炼岗位绩效指标，即"在什么时间期限，用多少成本资源，完成多少数额或数量，达成何种质

量标准"。

现在，我们来尝试使用这种方法下达一条工作指令。

"小丽，于这个月 10 日下班之前，用《业务预算分解表》编制完成我们部门的业务预算，达到公司下达的预算编制办法中规定的标准，争取一次通过。"

在这条工作指令中，"于"就是工作的时间节点，必要时可以分解为：开始时间、中间时间和完成时间，有时也要交代清楚工作地点。

"用"指的是，工作的方式、方法、工具、材料、依据、支持条件等。

"完"指的是，具体完成什么任务。

"达"则是指，达到什么样的具体工作目标。

如此，工作指令就非常简单明了了！

2. 可交换

在设定工作结果的时候，要遵循的第二条原则就是——可交换。

可交换的结果，对员工来说，意味着收入增加、尊严和成就、能力提升、发展机会。

对团队来说，意味着绩效、成就感和凝聚力。

对企业来说，意味着生存根本、利润之源、基业常青。

对客户来说，意识着满足、满意、忠诚。

从本质上来说，员工和企业之间是一种商业交换的关系，而商业本质的交换就是结果交换。面对激烈的市场竞争，企业要想生存，必须遵循最基本的商业原则。可是，真正的商业原则不是靠借口生存的，而是靠结果生存的。

什么才是真正的结果？可交换的才是结果！没有交换价值的，即使再好、付出的努力再多，如果结果令人不满意，也不是结果！如果你无法为客户提供他们需要的结果，即使付出了很多，客户也不会认可你的产品或者服务，更不会给你付款。这是一个很简单的道理！

对于企业来说，客户的认定原则非常简单，那就是——谁给企业钱，谁就是企业的客户！员工靠自己的企业安身立命，企业付给他薪水，给他支付报酬，他也就理所当然地要为企业提供企业需要的结果。

用工作结果换取报酬是最基本的商业底线，任何违背商业底线的事情都是不能够长期存在的。企业用结果在商业社会当中获得利润，员工用结果体现自己在公司的价值。如果员工认为自己工作完成得出色，会向老板要求加薪和晋升。可是，如果员工无法完成工作，是不会主动向老板提出减薪的。因为很多员工都认为，只要自己为公司工作了就应该得到薪水，只要企业雇用了他就得为他的劳动支付报酬。这是一种错误的思维，严重违背了市场经济商业底线。上班不是拿工资的理由，只有为企业提供了结果才可以得到报酬。如果员工不能给企业提供需要的结果，要他做什么？

如今，企业的各种内部业务，如采购、销售、生产、财务、会务、人力资源管理等几乎都可以外包。之所以要采取外包措施，通常都是企业认为外包比自己亲自做更加有效，更能达成结果。

运用外包思维来思考一下：如果企业将业务外包了，承接这些业务的团队却无法达成企业要求的结果，企业会不会付钱给他们？不会！由此可见，员工应该比外边的人做得更好才对，否则企业干脆将业务外包给别人不是更好？要你何用？

同理，对于企业也一样！如果员工无法通过努力得到自己想要的，积极性必然会受到打击，企业效益低下，一旦形成恶性循环，企业将不复存在！

3. 可量化

结果的价值不是由结果提供人自己决定，而是由客户决定的。因此，结果提供人要做好客户价值的提升（包括客户细分、客户需求识别、客户价值提升等），以此来满足客户的需求、超越客户的期望、获得客户的回报与忠诚。

管理者在向下属布置工作时，经常会出现不同的下属结果不一致的情况。要想改变这种状况，就要采取一种较为可行的管理方法，使工作得以保时、保质、保量地完成。

工作时，经常会听到有些管理者埋怨下属落实不力：让他抓紧办的

事，抓而不紧；让他办好的事，办得不好。可是，同样的事，不同的管理者去布置，却会出现完全不同的结果！为什么会出现这种情况呢？其中一个重要的原因就是，后者采用了"量化管理法"。

在给下属安排工作时，缺乏"量化"意识的管理者，一般会要求下属"赶快去办""抓紧去办"；如果事情很急，最多再加上一句口头语"马上去办"。在布置工作的过程中，如果没有使用带有可量化的词语，仅仅使用了难以量化的程度副词，执行的时候下属自然就会一人一个结果。

在安排工作时，具有"量化"意识的管理者则会将时量、数量、质量等意识贯穿于整个工作过程中，如："今天下午4点之前，必须把20份装订好的文件送到会议室"。短短一句话，却包含着三个量："时量"——"下午4点之前"；"数量"——"20份文件"；"质量"——"装订好的文件"。这样，员工就会在头脑中树立三个"量"的概念，执行到位；如果取消任何一个量，都可能出现偏差。如果在这项安排中没有"量"，就成了"你把文件送到会议室"。员工就可能理解成：送1份也行，送10份也行；上午送也行，下午送也行；草稿也行，印好的文件也行。这种不确定性的指挥，在不同员工中会产生不同的效果。

其实，从本质上来说，管理就是一门通过别人完成任务的艺术。管理者水平的高低，并不在于让高素质的员工把工作做好，更重要的是让普通员工把工作做好。让每一位员工在执行同一项命令时，能够按照管理者的意识，把工作保质、保量、按时完成，才是领导高素质和管理艺术的反映。

在"量化管理法"中，蕴含着一个"三维空间"的概念：如果将整体管理看作是一个"三维空间"（也可称作"三度空间"），每一项具体工作就是一个"点"，在三维空间中，确定任何一个点的位置都需要三个坐标。如此，我们也可以把时量、数量、质量当作三个坐标，找到工作的定位点；反之，缺少了任何一个坐标，工作点的位置就会出现偏差。

因此，当管理者埋怨下属工作落实不力时，一定要仔细想一想，是否能将整体管理在头脑中构建成一个"三维空间"？给下属布置工作时，在你的管理意识中是否已经具备了量化思维？在你头脑中是否已经形成了确定工作这个"点"的三个坐标——时量、数量、质量？

 小提示

管理者经常要给下属下达工作指令，要想让工作指令得到有效的执行，首先必须让员工知道自己究竟要做什么、做到什么程度。

可交换的才是结果！没有交换价值的，即使再好、付出的努力再多，如果结果令人不满意，也不是结果！

在安排工作时，具有"量化"意识的管理者会将时量、数量、质量等意识贯穿于整个工作过程中。

责任锁定（K2）

1. 责任执行中的现象

（1）责任被稀释

在责任执行的过程中，经常会出现责任被稀释的现象。也就是说，人越多，越没有人承担责任。

在很多人看来，千斤重担众人挑，人越多，越容易解决问题。但科学实验得出的结论却与我们的常识相反——旁观者越多，解决问题的概率就越小。

> 心理学家曾做过一个实验：让一座建筑物的门底冒烟，只有一个人在场时，这个人的报警率是75%；如果三个人同时在场，报警的概率就会降到38%。为什么会出现这种情况？

从责任的两个维度，很容易看到问题的真相：人越多，每个人越感到这件事"与我无关"。当周围有很多可能帮忙的人时，每个人的责任感都会降低："其他人一定会帮忙的，说不定他们已经打电话叫警察了。"每个人都以为责任是别人的，结果任何一个人都不会主动担负责任。

人越多，每个人越会感到事件的发生过程难以控制。在形势模糊不清的时候，每个人都会先看看别人怎么做，以此来决定自己的行为。这就是"责任稀释定律"的表现——在人多的环境中，责任就会像化学溶剂一样被稀释。人越多，个人责任感就越淡薄。

(2) 责任被转移

责任是一种生活态度，不负责任也是一种生活态度，在执行的过程中，还会出现责任被转移的情况。

李海和周平一起应聘到速递公司工作。开始时，他们俩是工作搭档，工作都很认真，也很卖力。经理对他们两人的表现都很满意，然而一件事却改变了经理对他们两人的看法。

一次，经理让李海和周平把一件大宗邮件送到码头。这个邮件是一个古董，很贵重，经理反复叮嘱他们要小心。没想到，走到半路上，送货车坏了。

周平抱怨说："怎么办？出门前你怎么不检查一下，如果不按规定时间送到，我们的奖金就没了。"李海笑笑说："这条路上的车少，等车修好，船就开走了。我的块头大，我来背吧！这里离码头也没有多远了。"周平同意了。

李海背起邮件，一路小跑，按照规定的时间赶到了码头。周平说："我来背吧，你去叫货主。"他心里暗想，如果客户把这件事告诉老板，说不定还会给我加薪呢。可是，就在他想着好事的时候，李海将邮件递给了他，结果他没接住，邮包掉在了地上。"哗啦"一声，古董碎了。

李海知道，古董打碎了意味着什么。不仅会丢掉工作，可能还要背负着沉重的债务。"怎么搞的！我没接，你就放手？"周平大声喊叫着。李海急忙解释说："你明明伸出手了，我递给你，是你没接住。"

回到公司后，老板对他俩进行了严厉的批评。周平趁李海不注意，偷偷来到老板的办公室，对老板说："老板，不是我的错，李海真是个粗心的家伙。"老板平静地说："谢谢你周平，我知道了。"之后，老板把李海叫到了办公室，问他究竟发生了什么事？李海就把事情的原委告诉了老板，最后说："这件事情是我们失职，我愿意承担责任。另外，周平家里的条件不太好，如果可能的话，他的责任我也来承担！"

李海和周平等待处理的结果，一个星期后老板把他们叫到办公室。老板说："公司一直对你俩很器重，想从你们俩中选一个客户经理，没想到却出了这样一件事情。不过也好，这让我们更清楚哪个人是合适的人选。公司决定，请李海担任公司的客户部经理。"

"老板，为什么？"周平问。老板说："其实，客户已经看见了你俩在递接古董时的动作，跟我讲述了他看见的事实。还有，我也看到了问题出现后你们两个人的反应。"

任何一个领导者都清楚，能够勇于承担责任的员工，能够真正负责任的员工对于企业的意义。问题出现后，将责任转移是无法掩饰一个人责任感的匮乏的！

2. 责任锁定的逻辑：一对一原则

（1）老板角度：重要的事大家做，大家做 = 人人做

在执行过程中，很多管理者都是"责任稀释"现象的受害者。他们想当然地以为，一件事情越重要、越紧急，就会有越多的人来处理。因此，就会不停地向员工说明"这项工作非常重要，要大家重视"。可是，员工会像围观的群众一样，纷纷猜测：到底发生了什么事情？

当管理者只关注"要不要做""为什么一定要做""做了有多大好处"这一类战略问题时，执行就容易出问题。因为，当员工面对"越是重要的事"时，越想搞清楚应该"你做还是我做"。大家都知道事情很重要，但是任何一个人都不会主动承担这个没有指向"我"的责任。

管理者通常会本能地认为，重要的事 = 大家做，大家做 = 人人做！可是，这种认识是错误的！在给下属安排工作的时候，必须秉承一对一的原

系统运营官

则，将责任落实到个人。如此，才能提高员工工作的积极性，保证工作的顺利完成。那么，如何来给下属分配工作呢？通常来说，可以采用以下 7 个步骤。

步骤一：选定工作。

在分配工作之前，首先须认真考察要做的各种工作，搞清楚这样几个问题：完成这些工作需要做些什么？有什么特殊问题或复杂程度如何？在没有完全了解这些情况和工作的预期结果之前，不要轻易给下属分配工作。

同时，不要把处于最优先地位并要求立刻亲自处理的特殊工作分配给下属，例如，上司非常感兴趣和重视的工作。另外，保密性的工作也不要分配给别人去做。

步骤二：确定人选。

要根据职员对工作的了解、完成工作的速度、时间价值观念和对他的培养价值几条原则，选择出能够胜任你要分配的工作的人。

首先，要对下属进行完整的评价。可以花几天时间让下属用书面形式写出他们对自己职责的评论，要让员工诚实、坦率地告诉你：他们喜欢什么工作，还能做些什么新工作。如果员工对自己的工作很了解，并且远远超出了你的预料，这些人可能就具有完成工作任务的才能和智慧。

其次，要看员工完成工作的速度。要看他们是决定把工作做好，还是在最短的时间里完成。如此，就可以让最有才能的职员发挥最大的作用。

步骤三：确定分配工作的时间和方法。

A. 时间。给员工分配工作，最好选在下午。把分配工作作为一天里的最后一件事来做，有利于下属为明天的工作作准备及做具体安排。

B. 方法。面对面地分配工作是最好的一种分配方法。如此，不仅便于回答下属提出的问题，还可以获得及时的信息反馈，充分利用面部感情和动作等形式强调工作的重要性。只有不重要的工作，才可以使用留言条的形式进行分配。

步骤四：制订分配计划。

有了确定的目标才能开始分配工作，因此制订必要的分配计划也是很重要的。

计划中，要包含这样一些内容：谁负责这项工作？为什么选××做这项工作？完成这项工作要花多长时间？预期结果是什么？完成工作需要的材料在什么地方？下属怎样向你报告工作进展？……分配工作之前，必须对这些问题有个明确的答案。同时，还要把计划达到的目标写出来，职员一份，自己留一份，保证双方都了解工作的要求和特点。

步骤五：分配工作。

在分配工作时，要向下属明确这样几点。

●把选他完成工作的原因讲清楚，要强调积极的一面，强调你对他的信任。

●让下属知道，他对完成工作任务所负的重要责任，完成工作任务对他目前和今后在组织中的地位会有直接影响。

●把所有的目标全部摆出来：谁要求做这件工作的、要向谁报告工作、客户是谁等。

●把自己在这个工作领域的体验告诉下属，让他们了解过去对于同样的事情是怎样处理的，得到了一些什么结果等。

●给下属规定一个完成工作的期限，告诉他，除非在最坏的环境条件下才能推迟完成工作的期限。

●制定一个报告工作的程序，确定给你做汇报的时间；同时，向他指出，要检查的工作的期望结果是什么，使他明确要求。

●肯定地表示自己对他的信任和对工作的兴趣，比如："这是一件重要工作，我确信你能做好它"，激发下属的积极性。

步骤六：检查工作进展。

对不同工作，检查计划也有所不同，这主要取决于工作的难易程度、员工的能力和完成工作需要时间的长短。

如果工作难度很大并且是最优先的，就要时常检查进展情况，每一两

天检查一次，保证工作成功而又不花费太多时间。这类工作通常都有一个内在的工作进展阶段，一个阶段的结束又是另一个阶段的开始，这种阶段的停起时间也是检查工作进展情况的最佳时机。

如果把一件比较难的工作分配给了一个经验较少的下属，要多检查几次进展情况。可以把检查工作进展的次数定为其他下属的两倍。

一般地讲，既然把某项工作交给了下属，就要相信他能胜任这项工作。因此，每周检查一次就足够了，但要鼓励下属有问题随时来找你。

步骤七：检查和评价。

完成工作后，要在适当的时候对自己的分配工作系统进行评价，以求改进。可以组织一个小组，让员工对他们在完成分配工作中的表现做出评价和批评。最好让大家用书面形式把意见写出来，然后召开一个短会进行讨论。

（2）员工角度：人人做＝大家做　大家做＝我不做

在我们上小学的时候，都学过"滥竽充数"的寓言故事。一讲到这个故事，很多人都会嘲笑南郭先生。但是，从"责任稀释定律"出发，就会发现，其实问题与南郭先生无关。

让我们来思考这样几个问题：首先，南郭先生为什么能混进皇家演奏乐队？其次，南郭先生为什么能在乐队中待了很长时间而不被发现？最后，为什么独奏之后南郭先生一天也混不下去了？……其实，问题的根源在于，齐宣王对乐队"合奏"的管理制度不合理。

这种管理体制，没有明确的责任指向，大家混在一起吃"大锅饭"，于是就出现了南郭先生这样的人。这个故事告诉我们，如果因责任不明而导致工作效率低下，与员工道德无关，而与责任的界定含糊有关，因为没有一个责任明确的好制度。

如果大多数员工都不负责任，或者进取心不强，那问题就出在制度，而不是人。如果管理者喜欢像齐宣王那样的"合奏"，同时又不对个人进行评估与检查，每个人都可能成为南郭先生。

优秀的制度可以把坏人变成好人，坏的制度可以把好人变成坏人，说的就是这个道理！面对不合理的管理体制，员工会生出这样的想法：大家做＝别人做，大家做＝没人做！这对于提高他们的工作积极性是有百害而无一利的！

责任心是员工从内心发出的一种自觉性心态，不论在职场中担任哪个岗位，只要有责任心，就可以在自己的岗位上竭尽全力，把工作做到最好。

为了灵活处理各种事务，大部分员工在工作时都会有一定的自由度。有责任心的员工，会给予自己约束力，不会随便浪费资源，全凭责任心产生自律；在没有人指导或督促的情况下，自己也会全力以赴，不会放纵自己，可以有效率地完成工作任务。

每一个人的岗位不同，所担当的工作也不一样。为了提高工作效率，就离不开责任心。可是，这里的一个大前提就是，管理者要用制度为员工做好工作指向，要将工作责任到人，不能囫囵吞枣、吃大锅饭！

小提示

在人多的环境中，责任就会像化学溶剂一样被稀释。人越多，个人责任感就越淡薄。

在给下属安排工作的时候，必须秉承一对一的原则，将责任落实到个人。如此，才能提高工作的积极性，保证工作的顺利完成。

第九章
执行中：我不相信，节点检查

执行中，不管做得好坏，都要进行必要的监督、跟踪和检查！如此，员工才会有一个公开、公正的竞争平台，这也是对结果负责的一种体现！

实行节点检查——越相信，越检查（K3）

什么是执行力？就是下属执行并完成任务或目标的能力。于是，"执行力不强"就成了很多管理者批评下属的口头语，也就成了企业目标没有达成的主要理由。其实，要想实现企业的目标或战略，执行只是其中的一个环节。如果企业的执行力不够，首先检讨的应该是企业的管理人员，然后才是员工。

美国IBM（公司名）公司总裁郭士纳曾经说过："人们不会做你希望的，只会做你检查的；如果你强调什么，你就检查什么，你不检查就等于不重视。没有人会十分在意没有人去强调和检查的东西，这就自然造成它的可有可无性，既然如此，谁还会花费更多精力去潜心装扮呢？铲除这一惰性的唯一办法就是查核。"

检查与考核是企业管理中的一对孪生兄弟，只检查不考核，检查就会缺乏力度；只考核不检查，考核就会失去行使依据。强有力的检查与考核是推进企业执行力的锐利武器。可是，很多企业总是安排布置多，检查落实少；突击性检查多，日常性检查少；口头要求多，实际落实少；表面严格的多，具体过硬的少……这样的检查带有很强的随意性，很容易成为"表面文章"。

其实，检查的过程既是揭露问题的过程，也是修正错误的过程，这也是检查的目的之所在！如果在检查中发现了问题，能当场纠正的绝不留在日后去处理；如果问题较为复杂不能当场解决，就要立即汇报给有关部门抓紧处理。

世界零售巨商沃尔玛有一个著名的商业原则，那就是"日落原则"。该原则的本意是：所有的员工当天的事情必须在当天完成。其实，这一原则也适用于检查工作。因为，如果正常的日常性工作都不拖延，暴露出来的问题自然也不会继续存在。

任务检查有五种关键方式。

1. 领导检查

很多人都羡慕部队的执行力，其实部队执行力强的主要原因就在于，建立起了严格的问责制度。概括地说就是，严格检查，严明奖惩。作为一名优秀的管理者，必须对员工的工作进行监督检查。

很多管理者经常会说：一项任务布置下去后，总有人拖着不办，推一推，动一动，甚至推都推不动。其实，要想解决执行力不强的问题，单靠发火、处罚是没有用的，关键是提高管理者的监督检查力度。如果上级布置的每一项工作、提出的每一条要求，都有严格的检查监督，就会彻底打消员工的侥幸心理，他们也就不会拿着令箭当鸡毛了。

优秀的管理者通常都会随时对工作的进展情况进行监督检查，之后根据检查结果对员工的工作表现进行评价和考核；他们会不断地推进监督检查，在企业内部形成"只有令行禁止，没有三令五申"的良性循环。

管理者工作的重点之一就是检查。那么，检查什么？不同时期、不同阶段，工作重点是不同的，检查的重点当然也不同。比如：

在市场开发期，以开发客户为主，因此，要检查客户开发情况；

在市场上升期，终端销售以增量为主，因此要检查终端销售上量情况；

在市场平稳期，维护客户、管理客户是工作重点，因此检查客户管理和客户培育情况就是检查的重点。

怎么检查才能有效果呢？

（1）事先做好准备

所谓准备，就是对所要检查的工作，在总形势上有一个基本的了解。不仅要熟悉政策上的问题，还要了解倾向性问题，以便更有针对性地进行检查。否则，检查过程中容易出现有所不知、说错话、出歪主意的现象。同时，要掌握检查的重点在哪里、哪个是关键部位、何处是薄弱环节？否则，是很难收到理想效果的。

如果检查项目规模较大、较复杂，就要提前做一个较详尽的计划，主要内容包括人力如何配备、时间如何安排、达到什么要求、采取哪些方法步骤等，然后按照要求进行分工，各负其责。

（2）明确检查标准

检查的时候，如果没有标准，会让人感到无所遵循。一般地说，要以原来制定的目标和计划为标准，但又不能局限于原有的标准。因此，检查可以分为两步：第一步，以既定目标和计划为标准，对工作进展情况和绩效进行衡量；第二步，以实践结果为标准，对其与原定目标的差距进行分析，找出得失成败的原因，拟定纠正的措施。

（3）采用正确的方式

工作的检查，可以采用这样几种方式。

①跟踪检查和阶段检查相结合。

跟踪检查是指伴随着计划的贯彻执行，紧跟着对实施情况进行检查，及时发现偏差，随时解决；而阶段检查则是指决策实施告一段落后，对这一阶段的结果进行检查，总结经验教训，以利再战。这两种检查，都不能偏废！

如果只抓阶段检查，没有跟踪检查，执行计划过程中就容易失去控制，即使过程结束后再来纠正，也会带来巨大的损失；反之，只抓跟踪检查，没有阶段检查，既无法看到比较完整的面貌，也无法进行比较系统的分析，因此必须把二者有机地结合起来。

②由上而下检查同由下而上检查相结合。

通常情况下，决策目标、计划方案等都是由管理者决定的，对于它的目的、意义，以至于各个环节、措施，管理者都了解得最清楚。而执行计划的活动则是在基层进行的，对于执行计划在什么地方发生故障和产生故障的原因，员工更为了解。因此，检查工作必须把管理者和下属结合起来。这样做，不仅可以调动上下两方面的积极性，有利于达到信息的双向交流。同时，也有利于管理者集思广益。

（4）敢于表扬和批评

为了更好地调动下属的积极性，激励他们更好地工作，管理者在检查工作时，通常都要对下级的工作做出评价，或表扬或批评。那么，如何对下属进行表扬和批评呢？

首先，要坚持原则，要敢于讲话。是非要清楚，功过要分明，正确的坚决支持，错误的坚决纠正；好的要表扬，坏的要批评，不能含糊敷衍、模棱两可。

其次，要掌握分寸，不能过头。表扬要实事求是，留有余地；批评要真诚中肯，恰如其分，严而不厉。只有这样，才能使下属口服心服，便于今后工作的改进。

（5）不要走马观花

有些管理者检查的时候，不从实际出发，而是戴着有色眼镜看问题，先入为主，自以为是，只知其一、不知其二，走马观花，蜻蜓点水……这些都是检查工作的大忌，一定要注意防止和克服。

检查过程中，不要带框子、抱成见，要尊重客观事实，具体问题具体分析；要扎扎实实了解情况、获取知识、总结经验，不说套话、不打官腔、不走过场。

2. 第三方检测

第三方检测机构又称公正检验，指的是，两个相互联系的主体之外的某个客体，简称"第三方"。第三方，既可以和两个主体有联系，也可以是独立于两个主体之外的。第三方要以公正、权威的非当事人身份，根据有关法律、标准或合同进行检验。

目前，获得国家认可（CNAS）、国家级资质认定（CMA）认可的实验室已经超过 2 万多家，经权威机构综合评估，2014 年中国市场第三方检测机构排行榜如下所示。

（1）微谱技术

微谱技术是中国未知成分分析领域的开创者，掌握着顶尖的微观谱图分析技术，拥有强大的微观谱图解析数据库，是国内未知成分分析领域无可争议的领导者。

在国内，率先将微观谱图分析技术大规模推广应用到工业生产领域，有 300 多万微观谱图数据库，为 10000 多家企业提供服务，客户满意率高达 95% 以上，可以帮助企业完成新产品开发、产品改进等。

（2）天祥

天祥是第一家进入中国的国际商业检验机构，目前已在全球 100 个国家拥有 1000 多个办事处和实验室，共有 27000 多名全职专业人员，为各行业客户提供测试、检验、认证和各类产品的其他相关服务。业务领域覆盖广泛，包括分析服务、商用和电子电气、消费品、工业服务、矿产品、石油、化工和农产品服务等。

（3）中国检验认证集团

中国检验认证集团是一个独立的第三方检验认证机构，经过了国家质量监督检验检疫总局许可、国家认证认可监督管理委员会资质认定、中国合格评定国家认可委员会认可，主要工作是"检验、鉴定、认证、测试"。

中国检验认证集团的服务范围主要涵盖石油、化工、农产品、工业品、消费品、食品、汽车、建筑、物流、零售等行业。目前，其在全球已经拥有约 300 家分支机构和 200 家合作实验室，员工有 16000 多人，运营网络已覆盖全球 20 多个国家和地区。

（4）谱尼测试

谱尼测试是国内大型综合性检测机构，检测报告得到了美国、英国、德国等 70 多个国家及地区的认可，具有国际公信力。

谱尼的总部设在中国北京，下面不仅设有天津、青岛、上海、苏州、宁波、武汉、深圳、广州、厦门、香港公司，还设有健康与环保、贸易符合性、商品质量鉴定、安全保障 4 个独立事业部，一共有 8 个大型实验室基地和几十个联络处。

（5）深圳市计量质量检测研究院

深圳市计量质量检测研究院是深圳市人民政府设立并经国家质量监督检验检疫总局、广东省质量技术监督局授权的法定计量检定和产品质量检验机构，是华南地区最优秀的检测机构之一。现在，大约有 1300 名员工，建有龙珠、龙华、西丽三大实验基地。

（6）必维国际检验集团

必维成立于 1828 年，拥有覆盖众多领域的检测技术，在全球设有 900 多个办公室和实验室，员工总数超过 40000 人。

在中国大陆地区，必维拥有 4500 名员工，通过遍布全国近 40 个地区的 50 多个办公室与实验室，为 7000 多个客户提供检测服务。

（7）华测检测

华测检测主要从事工业品、消费品、生命科学和贸易保障领域的技术检测服务，检测领域包括有害物质、安规、EMC（电磁兼容性）、可靠性、失效分析、材料分析、环境安全、计量校准、纺织品、鞋类、皮革、玩具、汽车、验货、食品、药品、化妆品等。

目前，华测检测在国内已经建立了由 30 多家分支机构组成的业务服务网络，拥有覆盖化学、生物、物理、机械、电磁等领域的数十家实验室。

（8）德国莱茵

德国莱茵是一家国际领先的技术服务供应商。自 1872 年成立以来，一直在解决人类、环境和科技互动过程中出现的挑战。作为一个独立、公正和

专业的机构，莱茵长期致力于营造一个同时符合人类和环境需要的美好未来。

（9）瑞士通用公证行

瑞士通用公证行总部设在瑞士，是全球规模最大、历史悠久、业务多元化的大型检测机构之一，其业务范围覆盖了绝大部分的检测检验、合格评定领域，全球员工有50000多人。1991年，瑞士通用在国内设立了合资公司通标标准技术服务有限公司，目前已在全国设立了40多家分支机构和50多家实验室。

（10）中国广州分析测试中心

中国广州分析测试中心，1990年通过省级计量认证，1991年通过国家级计量认证，2001年通过中国实验室国家认可。经过多年的发展，目前已经成为通过国家级资质认定（CMA）和国家认可（CNAS）的第三方检测、校准实验室和A类检查机构，可以向社会提供具有证明作用的测试数据和结果。

3. 自我检查

革命家梁启超曾经说过："人生须知负责人的苦处，才能知道尽责任的乐趣。"还有一种检测工作效果的方法，就是员工自我检查。因此，企业要鼓励员工提高自身的综合修养，鼓励他们从自身做起，明确工作目标，明确工作职责，自觉地、创造性地完成工作任务，与企业共同发展，一起腾飞。

一个人若没有热情，他将一事无成，而热情的基点正是责任心。质量决定品牌，品牌决定企业的发展前景，而员工的工作意识又决定了执行力的效果。因此，转变和提高员工的工作意识，逐步培养员工的责任心至关重要！

（1）常怀自检意识

在产品的制造过程中，要让员工树立下一道工序为上一道工序服务的质量意识，为下一道工序提供优质的产品和服务；要让员工对自己岗位的工作情况进行自检，一旦发现了问题，就要立即向相关人员报告。

（2）常怀互检意识

对于上面的工作，要让员工仔细检验，合格才可以进行本工序的加工处理。如果发现上面一道工序流下来的工作存在质量问题，就要及时反馈，以便及时采取措施处理。

要鼓励员工以开放求实的心态互相切磋，一边工作一边学习，做到"自我求发展、自我提升"的自主管理。即对于本职工作，自己发现问题，自己选定改革、进取的目标，自己进行现状调查，自己分析原因，自己制定对策，自己组织实施，自己检查效果，自己评估总结，自己开展批评。在自主管理过程中，让员工不断学习新知识，不断进行创新。

①要让他们知道正确的工作方法是什么；

②要让他们知道不按正确的方法工作会带来什么后果；

③要有完善的监督措施，促进他们按正确的方法操作；

④要持之以恒地对他们进行正确操作方法的灌输，即培训；

⑤要让有良好自检意识的人得到应有的回报，树立榜样作用。

4. 神秘顾客检测

所谓神秘顾客检测是指，采用受过专门培训的购物者对企业的服务、业务操作、员工诚信度、商品推广情况和产品质量等进行匿名评估。

这些受过专门培训的购物者在体验过程中不掺加个人主观偏见，可以及早地发现问题，找到现实与目标的差距；可以帮助公司找到盲点，找到矛盾点；可以鼓励、褒奖优秀员工；可以确保前线客户关系处于一个好的状态，增强顾客维护，为市场调研做补充。

（1）神秘顾客检测的内容

①考察现场销售人员"产品知识"。

现场销售人员在某种程度上扮演着"产品专家"的角色，所以神秘顾客调查的第一重点是考察现场销售人员"产品知识"。当然，产品知识不仅包括产品技术参数、基本性能，还包括产品性能对于消费者使用的利益点；同时，产品主要卖点上与竞争对手相比较的优劣势也是考察重点。

②监督售中和售后服务。

由于耐用消费品的消费者对于购买产品时有售后服务的担心，所以销售人员对于企业背景和售后服务支持都应该有一定的了解。

③调查销售人员的态度、仪容仪表。

销售人员态度、仪容仪表好，消费者会乐意到店内消费，反之，则会选择别家。所以，其对消费者的购物导向、消费业绩的提升至关重要。

（2）神秘顾客检测流程

①检测前的准备。

神秘顾客准时到达店门口，检查并打开录像设备，保证其正常运行；口述检查的日期、检测时间、检测目标名称等内容后，对检测目标的外部情况设施进行观察。

②体验与观察。

观察完外部后，进入检测目标内部，观察卫生、环境、硬件设施，与工作人员交流并体验服务过程，按照执行及问卷要求逐一进行检测。

③记录与反馈。

检测结束后先到隐蔽位置，再次口述录制检测效果、员工工号及检测后对该店的印象等。结束后，在30分钟内填写完问卷，并将问卷交至督导。

（3）神秘顾客检测尺度

为了保持神秘顾客检测的准确性、公平性和可比性，确定统一测评的标准就显得十分重要。因此，神秘顾客要用同一把检测的尺子来度量，力求把人为误差降到最低。

解决方案一：制定统一的打分标准。绘制统一的评测指标，统一打分标准，使每一项都做到有据可依。

解决方案二：现场指导打分程度和标准。实地演练，现场模拟，现场指导打分程序和标准。

5. 专业检查机构

所谓专业的检查机构就是，由认可机构正式表明检查机构具备实施特定检查工作的能力的第三方证明。这样的检查机构，不仅应具备实施特定检查工作的能力，还要正确实施检查并取得准确、可信结果，包含了对人员资格、设施、设备和环境、样品控制、检验方法、标准操作程序、记录体系等方面的要求。

获得检查机构认可的意义重大！对检查机构自身来说，取得认可可以提高管理水平和技术能力、提高竞争力、减少风险。同时，获得检查机构认可也是市场准入的需要。

检查机构认可流程图，如下图所示。

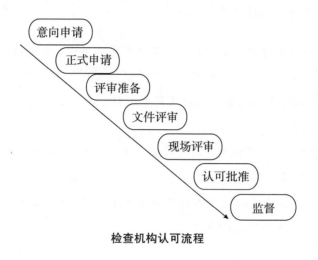

检查机构认可流程

 小提示

检查的过程既是揭露问题的过程，也是修正错误的过程。如果在检查中发现了问题，能当场纠正的绝不留在日后去处理；如果问题较为复杂不能当场解决，就要立即汇报给有关部门抓紧处理。

主动汇报原则——越汇报，越相信（K4）

有些员工认为，向上司汇报工作是一件微不足道的事情，是溜须拍马、阿谀奉承。他们认为，只要出色地完成领导安排的任务，事情就做好

了。领导肯定会看到他们的成果，自然会作出公正的判断。可是，这些人往往都得不到应有的重视，经常与加薪、晋升的机会失之交臂，而且这样对于工作的顺利完成是毫无益处的。

如今，仅仅让员工默默地完成工作任务，已经不能满足职场竞争的发展需要。出色地完成任务仅是一个前提，还要让员工把自己的成果主动展示给管理者。如果员工完成的是一项特别棘手的任务，更应该及时向管理者汇报，让管理者知道他的工作进度，了解他的工作能力和聪明才智；如果有问题，也可以及时向管理者请教。

有一个销售员，奉命到××市开发空调市场。面对激烈的大客户竞争，他选择了一些小客户进行公关，想着先占领小客户，再慢慢向大客户渗透。3个月后，经理来视察工作，他滔滔不绝地向经理说自己如何卖力。

这时候，经理突然打断他的话，说："你还记得公司的销售目标吗？"销售员回答说："一年后，在××市的市场占有率要达到10%。"经理说："那就请你把精力放在开发大客户身上！"回到总公司不久，经理就将这个销售员调离了。

不难看出，如果销售员及时向经理汇报工作进度，就会避免这种事情的发生。

有时，在执行一项决策的过程中，会因为局势发生变化而不得不进行必要的调整。管理者一般都会及时把调整后的方案通知执行的员工，但管理者也有疏忽的时候，如果员工经常向上司汇报工作进度，管理者就会及时得到消息；反之，管理者得到消息的时间就会被延缓，而在这段时间里，员工所做的工作不但会白费，甚至会给公司造成损失。

在执行的过程中，有些员工经常因为对上司的意图理解得不全面，使工作发生偏差，导致劳而无功。主动向上司汇报工作进度，会得到管理者的支持和帮助，管理者会对员工的工作进行指导，会提醒员工哪些环节容易出现差错，这样就会使员工避免犯错，至少是减少失误。

向管理者汇报工作，并不是想象中的那么简单。它有一定的技巧，而掌握了汇报的技巧，会使员工的工作锦上添花。

1. 先说结论

一般来说，管理者都很忙，没有时间听员工的长篇大论。如果员工的汇报过于冗长，很可能会引起管理者的反感，这样就会得不偿失。所以，要先让员工说结果，而不是去描述过程。比如："经理，我联系的那个广州大客户，已经顺利与我们签订合同了。"

2. 精练地说

如果管理者感兴趣，或者时间允许，可以让员工拣精彩的部分进行陈述。比如："我去那个老板下榻的酒店，一共拜访了 8 次，那个老板终于被我的诚心感动了。"

3. 汇报要及时

汇报具有时效性，只有及时汇报才能发挥出最大的效力。当员工完成了一项棘手的任务，或者解决了一个疑难问题时，要鼓励他们立刻找管理者汇报，拖以时日再汇报，管理者可能就失去了对这件事情的兴趣。

小提示

出色地完成任务仅是一个前提，还要让员工把自己的成果主动展示给管理者。如果员工完成的是一项特别棘手的任务，更应该及时向管理者汇报，让管理者知道他的工作进度，了解他的工作能力和聪明才智；如果有问题，也可以及时向管理者请教。

第十章
执行后：谁操心，谁受益

凡事都要有奖有罚，无论是物质上的，还是精神上的。给做出成绩者一定的奖励，不仅是对员工工作结果的肯定，更可以有效激励员工更加积极主动地工作。

即时奖惩（K5）

即时奖惩具有以下三个要点。

1. 奖要及时，罚不过夜

等待会产生仇恨！不要等到发年终奖金时，再打算犒赏员工。当员工表现良好时，就应该尽快给予奖励。等待的时间越长，奖励的效果越可能打折扣！

假期里，很多家长都会带着孩子到海洋馆看海豚表演。这时候，大人和孩子都会为海豚创造的奇迹而惊呼。海豚是无法和人类沟通的，可是海豚和训练师的配合程度却令人称奇，在训练师的指导下海豚为什么能够做出高难度的动作呢？主要原因就在于，训练师在训练海洋动物的时候经常会使用夸奖、抚摸、食物等奖励办法，对动物进行有效的"正强化"——以积极的鼓励、奖励来训练海豚。

研究发现，如果某一行为产生了积极的后果，个体就可能重复这一行为，这就是所谓的"积极强化"。如果某种行为产生了消极效果、受到惩罚，个人可能就会消除它，称为"消极强化"。要想使后果发挥出应有的效果，就必须在行为发生后的不久及时做出反应，否则行为就会"消亡"。

及时奖惩是企业对员工的阶段性的成果或错误做出的及时性的肯定或否定的回应，有利于完成行为的塑造。如果在员工离开之后再进行奖励或惩罚，只会大大削弱奖惩的效果。

> 有一家公司要搞一个新项目，由几个年轻的"80后"员工负责。一个星期过去了，所有的人都没有提出创新的想法。无奈之下，主管说："谁先想到好办法，就奖励2000元。"其实，主管也是随口说说，说完就走了。
>
> 第二天早上，到了9点，这几个员工都还没来上班。打电话一问才知道，原来他们昨天工作到凌晨2点，花费整个晚上把工作做好了。
>
> 项目完成后，主管立即兑现了他的承诺，而这几个员工的工作热情也高涨了很多。

在这里，我们并不是要给"80后"员工贴上物质化的标签。但是从案例中可以看到，立即兑现的奖励更能激发员工的创造性和积极性。

员工并不缺乏创新和激情，缺的是一种有效激励他们的机制。其实，他们的思想很简单：你给我多少钱，我就给你做多少事，我没有耐心长期等待公司未来可能变化的奖励。管理者要适当调整原有的马拉松式的奖励方式，把即时奖励、即时兑现常态化。

根据"近因效应"，人对于最近事情的记忆远比中期和远期的事情深刻，如果时间拖得越长，效果就越不明显。到了年终，管理者可能会对所要奖励或表扬的人和事有印象，因为有记录，可是时间过了，再激励已经没有了激情。本该受激励的员工因为时间太久，也有些淡忘了，再提起来，已没有当时的喜悦和幸福感。因此，管理者要对员工进行及时激励，这是管理者必须学会的一件事情。

这种即时的、自发的奖励，灵活性较大，激励效果显著，已经被很多企业广泛地运用和推广，而且效果都不错。

思科实行了"CAP"的现金奖励，该奖项的金额从 250 美元到 1000 美元不等。如果员工做出了杰出贡献，可以由任何人提名来角逐这个奖项。一旦确认，这名员工就可以及时拿到这笔现金奖励。

这种奖励的方式让员工总是处于兴奋之中。所以，与其吊长远的"金砖"，不如把"萝卜"放在眼前。薪水固然是基础，但每天工作的快乐感觉更会激发员工真正的执行力。

2. 要公开

企业的执行力最终要体现在员工的行为上，公开奖惩就是要放大员工的行为，让员工看到公司在鼓励什么、反对什么，建立黑白分明的是非界限。概括起来，公开奖惩员工，有以下两点意想不到的好处。

首先，让员工知道，老板是讲诚信、讲原则的，这样他们就会如法炮制，都会跟着老板学，公司的风气肯定会相当好。

其次，员工知道自己的老板恩威并施，觉得他会做生意，也会做老板，更会做人。如此，公司上下就会齐心协力地为公司服务，生意就会越来越好。

公开奖励，放大了榜样，可以让全体员工为某一个人的良好行为感到自豪，形成集体的成功记忆；公开惩罚，放大了痛苦，可以让整个公司为某种恶行感到耻辱，形成集体的耻辱记忆。

奖励员工要公开，比如，晨会就是一个非常好的激励员工的平台。公开透明的平台激励员工，会形成集体记忆，让员工更加有荣誉感，给足了员工面子，员工也会珍惜面子。

公开奖励员工，可以让员工明了奖励机制，知道别人为什么获得奖励，获得什么奖励，自己也可以清楚地去努力。那么，公司该鼓励什么、反对什么呢？

（1）客户价值

客户价值如表 10-1 所示。

表 10 – 1 客户价值

主题	典型行为	可选激励方式		
创造客户价值	受到客户表扬	公开表扬	张贴客户表扬通知	—	—
	受到客户表扬次数最多	明星员工榜	公开颁奖、证书	给他提供带队的机会	编入公司最优服务案例
	对客户需求反应最快	总经理亲笔信	—	—	—
	客户档案整理最完备	总经理亲笔信	明星员工排行榜	—	—
	解决客户问题最多	总经理亲笔信	明星员工排行榜	公开颁奖、证书	—
损坏客户价值	损害客户价值，客户投诉	经济处罚	通报批评	—	降级

（2）业绩

业绩如表 10 – 2 所示。

表 10 – 2 业绩

主题	典型行为	可选激励方式		
业绩改善	提出为公司节省费用的措施	现金奖励	明星员工	收录员工成长记录
业绩改善	每月应收款控制最好	现金奖励	月度明星员工	—
	改进工作方法取得效果	现金奖励	编入公司重大事项纪实	上司的亲笔感谢信
	总结并分享工作方法	公开表扬	树立标杆学习典型	年度明星员工榜
	业绩考核优秀	一定比例的绩效奖金鼓励	晋级	升职
	指令100%完成	—	最佳执行奖	上墙、采访纪实

主题	典型行为	可选激励方式		
业绩降低	因失误给企业造成损失	—	公开批评	警告
	承诺没有执行	按比例罚金	内网发布	—
	贪污结果	发现，双倍处罚	—	—
	业绩考核差	按比例扣发奖金	降级	降职

（3）企业文化

企业文化如表10-3所示。

表10-3　　　　　　　　　　企业文化

主题	典型行为	可选激励方式		
弘扬企业文化	收到礼品上交	职业品牌奖	收录员工成长记录	—
	主动承担责任	公开表扬、鼓励	达成目标给予高额回报	给发展机会
	提出合理化建议最多	文化传播奖	以员工命名的建议	—
	个人战略执行最好	最佳进步奖	培训机会	发展与提升
损害企业文化	有损公司形象	制度处罚	通报批评	—
	与企业价值观严重不符	通报批评	免职	辞退
	以公谋私	通报批评	免职	辞退
	客户投诉	经济处罚	通报批评	降级

3. 要有仪式

一般情况下，人们去祭祖、去拜孔子时，都要鞠躬。鞠躬就是一个仪式，鞠完躬之后，就会立刻对孔子产生敬畏心，那叫仪式化。仪式是一种活动，可以把企业中某些生活戏剧化、固定化、程式化，宣传企业的价值观念、企业精神，强化企业文化；可以告诉员工应当具有的行为，并提供代表公司意义明显而有力的行为规范。

抽象的价值观通过仪式的体现变化为有形、可见的东西，要是没有仪式，文化就死了；离开了仪式，奖惩的效果也会大打折扣。

如今，为了表达对某些事物的崇敬和重视，企业经常会举办一种特殊的仪式，比如，升旗仪式，新厂房、新车间开工建设奠基仪式，新员工加盟仪式，庆功仪式，团拜仪式，授奖仪式，老员工退休辞别仪式，技术、生产、销售合作签约仪式，合资项目签字仪式，上班自警仪式、下班反省仪式等。

其实，在奖惩员工的时候，同样可以举办一个仪式。这些仪式，一方面可以表现企业文化的内涵，另一方面可以凝聚人心，提高人们对企业价值观的认同。企业塑造了自己的英雄或模范之后，可以选用表彰仪式来发布或强调这些英雄或模范的成绩。在我国的企业中，这种表彰仪式司空见惯。

表彰大会的目的在于大张旗鼓地宣扬"善"，同时也是对一段时间的工作总结，兑现所有人自己的承诺。开表彰大会需要明确以下内容。

①规格：是部门内部的，还是整个公司的，或者是整个集团范围内的。

②时间：是在上班时间，还是晚上。

③地点：是在公司内部开，还是要找一个酒店举办。

④标准：是要开成高规格的还是小成本的。

⑤数量：是部分参与，还是全员参与。参与的人员数量，奖惩数量分别是多少。

⑥形式：是晚会式，还是简单的会议式。

⑦人物：哪些人是今晚的主角，由何人进行主持，由何人进行颁奖。

⑧品质：此次的会务品质需要达到何种要求。

🌀 **小提示**

及时奖惩是企业对员工阶段性的成果或错误做出的及时性的肯定或否定的回应，有利于完成行为的塑造。如果在员工离开之后再进行奖励或惩罚，只会大大削弱奖惩的效果。

公开奖励，可以让全体员工为某一个人的良好行为感到自豪，形成集体的成功记忆；公开惩罚，可以让整个公司为某种恶行感到耻辱，形成集体的耻辱记忆。

谁操心，谁受益

成果激励是一种重要的激励手段，利用人们对于成就感的追求可以激发人们的工作积极性。其方式是多种多样的，可以根据人们取得的成绩和对不同需要的追求程度而定。

年底，一家公司决定给员工周强奖励8万元。总经理把周强叫到办公室，说："由于本年度你工作业绩突出，公司决定奖励你5万元！"

周强非常高兴，表示感谢后，走出门。这时，只听总经理说道："等一下，我问你件事。今年，你一共陪了妻子多少天？"周强回答说："今年，我在家陪妻子的时间不超过10天。"这时，总经理拿出1万元递到周强手中，说："这是奖给你妻子的，感谢她对你工作的支持。"

之后，总经理继续问道："你儿子多大了，今年你一共陪了他几天？"周强说："我儿子不到5岁，今年我没好好陪过他。"总经理又从抽屉里拿出1万元放在桌子上，说："这是奖给你儿子的，告诉他，他有一个好爸爸。"

周强激动至极，热泪盈眶。刚准备走，总经理又问："今年你和父母见过几次面，尽孝心了吗？"周强难过地说："一次面也没见过，只是打了几个电话。"总经理说："我打算和你一块拜见一下你的父母，感谢他们为公司培养了如此优秀的人才，并代表公司送给他们1万元。"

周强无法控制自己的感情，哽咽着对总经理说："多谢公司对我的奖励，我今后一定会更加努力。"

同样是 8 万元的奖金，用什么形式发，效果截然不同。总经理将奖金分四次发送，不仅是对员工辛勤工作的认可，更是对员工辛勤工作背后的整个家庭的支持与关心。要想提高员工工作的积极性，就要对他们的劳动成果做出有效的激励。

公司提供的奖励必须对员工具有意义，否则效果不大。每位员工能被激励的方式不同，公司应该模仿自助餐的做法，提供多元奖励，供员工选择。例如，对上有老母、下有儿女的职业女性而言，给予她们一天在家工作的奖励比大幅加薪更有吸引力。

在运用成果激励的方法时，应把握以下要点。

1. 正确评价工作成果

评价的正确与否，不仅会影响到员工获得的奖励大小，还会影响到员工的积极性。因此，管理者应通过民主的方法建立尽可能量化的指标体系，并让全体员工都知道，如此不仅会让员工明确努力的方向，还可以明确努力的结果是什么。

2. 奖励工作成果

对员工的奖励有两种，即物质奖励和精神奖励。物质奖励主要是指工资、奖金和福利待遇；精神奖励主要是指通过各种形式的表扬，给予一定的荣誉、提级、升职等。

对于员工来说，无论是物质奖励还是精神奖励，其作用都是相同的：一方面，通过奖励可以看出领导对自己这段时间的工作所做的评价，在某种意义上反映了自己在领导心目中的地位；另一方面，奖励的获得可以满足员工的各种需要，如物质奖励可以满足员工的生存需要，精神奖励可以满足员工的尊重需要和自我实现需要。

3. 避免错误

企业在奖励员工时，要避免最常犯的以下几大错误。

①需要有更好的成果，却去奖励那些看起来最忙、工作最久的人；

②要求工作的品质，却设下了不合理的完工期限；

③希望对问题有治本的答案，却对治标的方法进行奖励；

④光谈对公司的忠诚感，却不给员工提供工作保障，将最高的薪水付给最新进的和那些要离职的员工；

⑤需要事情简化，却奖励给使事情复杂化和制造琐碎的人；

⑥要求构建和谐的工作环境，却奖励那些最会抱怨且光说不练的人；

⑦需要有创意的人，却责罚那些敢于特立独行的人；

⑧提倡节俭，却奖励那些将自己所有的资源耗得精光的职员；

⑨需要创新，却对未能成功的创意进行惩罚，对墨守成规的行为进行奖励。

 小提示

公司提供的奖励必须对员工具有意义，否则效果不大。每位员工能被激励的方式不同，公司应该模仿自助餐的做法，提供多元奖励，供员工选择。

附　录
创成咨询卓越系统运营官案例精华

先做榜样，再做管理

唐艺桐

一家企业想要快速的发展，人才梯队的建设尤为重要，尤其是高管，他不仅要有管理的能力，最重要的是要传承公司的文化，并且全方位来修炼自己的气质。在创成，我们有高管气质修炼 13 条，第四条是"先做榜样，再做管理"！在我分享这条经验之前请允许我用一组数据为大家做一个简单的自我介绍。

我的名字叫唐艺桐，22 岁参加工作，23 岁晋升为经理，24 岁晋升为总监，25 岁晋升为创成咨询第三中心总经理，26 岁成立青岛公司，27 岁也就是目前是三家公司的股东。

介绍完这些数据，我相信有的人会给我极大的认可！觉得这个女孩能够从基层用了短短不到 3 年的时间做到总经理和股东的位置，工作能力和工作态度应该都不错。而有的人会觉得是不是有点太高调，一上来就晒结果！但请大家理解，我不是在炫耀！因为我今天分享的话题是"先做榜样，再做管理"！

榜样是什么？榜样就是结果！

结果是什么？结果就是数据！

数字是最有说服力的工具！所以，我必须要有数据做依托！

"先做榜样，再做管理"这个观念很关键！可以说，它是不断激励员

工快速成长的最大成功秘诀！那这些理念和观念从何而来？

2009 年，在我刚刚加入这个行业的时候青东老师就教育我们影响力就是领导力！尊严来自实力！他不仅这样教育我们，自己更是如此！

青东老师 19 岁从公司基层用了 2 年时间做到公司总经理，并且成为公司最年轻的股东，同时担任多家公司的顾问。一个人如果在没有任何家庭背景的情况下很年轻就很有成就，比的不是经验、不是工龄，而是结果！所以，在那个时间我就把青东老师作为我事业上的榜样！

对于我们这个行业关键考核指标有两个：一个是销售能力，另一个是会务能力，所以在这两点上我对自己要求格外严格。加入公司第 3 天，我就成功从实习咨询顾问晋升为咨询顾问。我们的晋升标准是出一单就转正，所谓一单是指后续产品。但是对于一个刚刚加入公司的新伙伴来说，我对专业知识是欠缺的，但是我的内心只有一个信念——我一定要成为同批加入公司伙伴的冠军！所以，我的第一单没有用专业知识。

我凭借强烈的自信心到了客户那里，我给客户背公司的企业文化！没想到，刚背了不到 3 分钟，客户就决定报名两人参加学习，不为别的，就想看看是怎样一家公司把刚刚入职不到 3 天的社会人训练成了公司人！

都说新人比老人积极、比老人努力，在我这里没有。无论是刚加入公司还是到现在，我都是一如既往地全力以赴！正因为拥有这样的精神，用了短短不到半年的时间我就从公司的咨询顾问晋升为代经理！

很多人会觉得晋升为代经理标准并不难，可是那是现在的机制！5 年前，如果想晋升，不仅业绩要好，并且会务标准也要高。同时，在公司跟伙伴们相处得要好！三个标准必须同时都达到，民主选票才会有你的机会。

当年的会务跟今天也有很大的区别！今日的讲师"白板"只需要站，而当年不仅站还要写。因为对写字有要求，所以能够胜任白板岗位的人非常有限，而我那时就是"白板"。穿着 7 厘米的高跟鞋，面带微笑，一天、两天、三天……一站就是两年！那一时刻支撑我在讲台的不是体能，而是意志力的坚持！所以，对于会务，我一直被评选为最佳助教！

对于行业而言，会务的挑战是有的，但是跟业绩和带团队相比，会务可以忽略不计。当我晋升为经理的时候，那时我23岁，是管理层当中年龄最小的经理。毋庸置疑，团队队员都是比我资历老的人。虽然晋升为经理，但是大家嘴上不说心里还是不服的，此时，你的语言就已经变得苍白无力，唯有行动才能够征服别人！所以，那个时候我就学会了闭嘴。对自己高标准、严要求，让自己的个人业绩一直保持在公司前五名之内！慢慢地，我在团队当中越来越有威信，所谓的领导力也逐渐显现出来！从那一刻，我更坚信：如果想有更快的发展，靠的不是你的阅历和资历，而是你的能力！你一旦确定了做事的信念和习惯，那么你的结果都是雷同的！

2011年8月，我随老师从东北来到山东，一同随行16人。在16人当中，我的职位是经理，上面还有两个总监。但是，面对山东这片陌生市场，我以最快的速度进入了状态，并且在第一个月做到了公司的冠军。同时，也成了第一个在山东给老师排场讲公开课的人。

2013年9月，新的挑战再一次来袭！根据公司战略，我要带队成立青岛公司！对于青岛市场大家都有着恐惧，有着太多的不确定。大家都说，青岛市场难开发，老板上课太多！但是我只知道，既然确定目标就没有回头路。所以，我就带着12个伙伴奔赴青岛市场。

在青岛的胶南，我们既没有名单，也没有客户，没有钱住酒店，大家只好找蚂蚁短租，六七个女孩挤在一个房间里，条件艰苦不说，最主要的是没有客户资源，团队信心丧失。作为一个带队人，这个时候语言的激励已经没有任何作用，只能埋头苦干，用自己的行动证明给大家看！

青岛的第一场公开课，现场一共来了30人，我个人的客户就有27人！而且在第一场，曙光医院毫不犹豫地报了系统班！在那一刻团队有了信心，仅用了17天就实现了赢利，是整个创成咨询赢利最快的一家，并且业绩一直是稳定持续增长状态！

业绩持续增长的背后代表团队持续成长的稳定性，所以对于青岛公司而言要加大力度培养人才！既然青东老师已经给我扣了"先做榜样，再做管理"的帽子，我就要一直戴下去！所以我的下一个目标就是，要成为整

个创成咨询第一个开子子公司的人，并且至少要开五家子子公司！

创成咨询的高管郝爽老师经常会跟我们分享一个概念，就是作为一家公司的高管，如果你不快速成长，那么你就会阻碍公司的发展！阻碍公司发展，你是什么人？罪人！所以，我不想做罪人，我想实现我人生更大的价值，我想成为一个被人敬畏的人，想成为一个说话有威慑力的人！因为我深知，尊严来自实力！成功的人需要什么特质，我们就要靠拢这种特质！因为，人生需要给自己不断地创造故事！

如果想在员工心目中有位置，想在老板心目中有位置，想在最基层晋升最快，一定要记住三句话：第一句，尊严来自实力，你没有实力，没有行动，没有结果，没有人会相信你，第二句，大家只会看你做什么，不会听你讲什么，第三句，先做榜样，后做管理。

我觉得，人的习惯实际上更是一种信念。当你习惯性拥有一种做事的信念，习惯性拥有一种我做什么事情，我都有我自己的思维方式，当你认为对的事情持续地去做，就会产生不一样的结果。今天你为什么能够成为公司的高管、为什么能够成为老板的心腹？就是因为你不容易被诱惑。所以，一个人要么成为别人的心腹，要么把别人变为你的心腹，如果你没有办法把别人变成你的心腹，就要想办法成为别人的心腹。

指哪儿打哪儿

郝　爽

创成的高管，需要做到13项要求，做到者，为企业之支柱，创人生之大成。

创成的高管，每个人的心中都要有一个重要的思想，就是我们都是一块砖，哪里需要哪里搬；工作岗位不调肥，不说乱，听从公司的统一安排；做到做事无怨言，简单执行出结果。只有这样，公司的愿景才能统一安排，公司的结果才能尽快达成，公司的效率才能提高。创成是个平台，我们真心帮助员工，渴望员工成长，所以就要把员工放到最应该做的地方。也许不是自己喜欢的，但作为优秀的高管一定要做到接受、支持，与公司的目标达成共识。

　　加入行业四年有余，有幸能与青东老师一同走过，也有幸能成为创成的一名高管，与平台共承担、共成长。一路走来，最庆幸的是自己选择了坚持。因为坚持，所以给自己创造了很多历练的机会。从东北到山东，再从山东到北京，每一次的归零、刷新、重组，都让自己有很大的收获。也许没有收获到财富，但是却收获了用钱买不来的成长，这也是我最感恩公司的地方。

　　我最先是从一名电话行销做起的！每天6点多起床，坐一个半小时的公交车上班。白天打100通电话，晚上搜名单到12点。结果，第一个月我没有业绩，仅开了189元的工资，我的自尊心严重受到伤害。但是，我没有放弃，当时我就对自己说："如果你还认为自己行，就要做出结果给自己看。"之后，我比以前还努力，早上练习发音，对着镜子练话术；在公交车上听录音、学习，结果第二个月，我的工资就达到了4000多元。

　　其实，那个时候对我来说，挣多少钱并不重要，重要的是我的自尊心。就这样做了一年多的时间，公司晋升我为营销经理；带了不到一年的团队，公司又把我从营销部调到了运营部。这一次的转岗难度比较大，因为我从来都没有做过，而且收入也差了很多。但当时我也没有想那么多，只想着，只要公司相信我，只要我愿意成长自己，在哪个岗位都是一样的。然后，我就开始了不同岗位的工作。现在回想起来，我做运营的那段时间，是我职业生涯当中成长和改变最大的一个阶段。因为在这个过程中，我学会了承担，学会了站在公司的角度去思考和解决问题。

　　2013年9月，我接手了总部招商中心的工作。招商对我来说是有挑战的，因为以前从来没有涉及过，也没有做过这方面的准备和功课。于是，我便从没有任何头绪，到一点点地谈合作，给老师排课。人半年的时间，我都在全国出差，白天做会务、跟单、对接工作、给伙伴们培训，晚上赶路，每次出差回来我到家的时间都是夜里的12点左右。

　　一个人拎着提箱回来，我当时的想法是不管多累，不管多难，都要去

坚持、去尝试。我时常问自己奋斗的意义是什么？答案是梦想下面，造就了一颗不甘于平庸的心；现实面前，不能辜负别人对你的信任。

2014年6月，公司决定要我成立北京分公司，目的是建北京分公司的同时把招商做起来。北京分公司是在没有任何条件下成立的，因为北京的市场很特殊，需要时间的沉淀和平台的累积。但是不管有多少困难，我也要踏实地做下去。曾经看到这样一句话，写得很好：任何企业的核心骨干必须学会在没有鼓励、没有认可、没有帮助、没有理解、没有退路的情况下，一起和团队获得胜利，因为成功只有一个定义，那就是对结果负责。也许，接下来还会有新的任务给到我，但是不管做什么，都会坚持一个原则，那就是指哪儿打哪儿。

在工作中，我接手的任何一项工作，都没有去考虑公司应该给我多少薪水。因为对于年轻人来说赚钱不重要，重要的是赚钱的能力，所以我一直感恩公司对我的信任，我更珍惜每一次成长的机会。

今天，作为一个学习型企业，把企业做大是外在的目标，把企业做顺是一种内在的能力。企业顺的背后是人心顺，人心顺的背后是人人都是受益者，所以作为一名高管，我们有责任配合公司把管理体制很好地执行下去；有责任去听从公司的安排，把自己应该做的事变成喜欢做的事，做个指哪儿打哪儿的人。

奥斯特洛夫斯基曾说："人生最宝贵的是生命，生命属于人的只有一次，所以一个人的生命应当这样度过，当他回忆往事的时候，他不会因为虚度年华而悔恨，也不会因为碌碌无为而羞愧，在临死的时候，他能够说：'我的整个生命和全部精力，都已经献给了这个世界上最壮丽的事业。'"

奋斗的路上，让我们做个既然选择了远方，便只顾风雨兼程的人，与大家共勉。

头顶着天，脸贴着地

宋美霖

头顶着天，脸贴着地，从字面意义上理解为：头顶着天，就是站起来，做起事来，能够支撑起一片天；脸贴着地就是认真，做事的时候要一件一件做，不要眼高手低！看似简单，其实所包含的是一个人做事的坚忍和对目标的执着。

结合我个人的成长历程，我觉得，要做到头顶着天，脸贴着地需具备三大心态：相信的心态、归零的心态、挑战的心态！同时，还要做到四点：不断自我激励；不受外界影响；说到做到、言行一致；比优秀的人还要努力。

接下来，我跟大家汇报一下我的成长历程！

我是 2010 年 8 月 18 日加入教育行业的，也就是从这一刻开始跟随青东老师！四年前的我，一说话就会脸红，从来都不敢也不会在公众面前讲话，特别没有自信。刚刚大学毕业，没有任何专长和特长，更没有任何家庭背景。在刚加入公司时，当时的人力资源王老师一心想给我提供一个迫切渴望改变自我的机会，让我进行自我淘汰，谁都没有想到我会留下来！四年后的我，成了青岛创成咨询的营销总监之一。也是青岛创成的股东之一，同时还是创成咨询首批创业元老之一，我从一个弱女子变成了一个地地道道女汉子！

2010 年 8 月 21 日，我参加公司的面试说明会，5 天的培训让我血脉贲张，扩大了我的梦想，那时我立志要成为一名讲师！那时我有一个想法就是，即使这家公司不付我工资，我都要去工作！我喜欢公司家人的激情四射，亲密无间，更重要的是我想要去实现我的梦想！所以当我加入公司的时候，我不知道自己的底薪是多少，而又很难启齿去问，觉得张嘴问工资就是一件犯罪的事！

清晰地记得，第一个月发工资的时候，扣完电话费后的工资是 196 元，而第二个月的工资则达到了1911元，因为第二个月我帮助十几家企业走入了前端的课程；第三个月，我没有工资，没有业绩，也就意味着我搭了将近500元的话费！第四个月，我依然没有达成自己的突破目标！在大学毕业前夕，我做了一个举动，就是用我的奖学金和实习时攒下的钱，把我四年的助学贷款将近2万多元全部一次性还清。

刚加入公司时，我身上剩下不到3000元，加入职场第一天，需要用笔记本电脑，我便利用中午休息的时间到长春火车站附近科技城拿了一个2500元的三星小笔记本，口袋里还剩不到500元，连着四个月没有业绩，再加上房租等花销，身上所剩无几！同时，我更清楚地记得，为了争取锻炼做主持人的机会，我第一次面对公司的所有同事，我出现了人生的第一次脸抽筋，声音发抖！

在那时候，在职场不打电话就是可耻的。我们每天都会在办公室的黑板上像现在一些企业展示积分排名一样展示我们的电话通数，每天低于60通的就会被标成红色！那时的我电话量每天都不低于100通，是当时职场电话量最高的人！天天持续！

加入教育行业的前半年，是我最刻骨铭心的半年。那时，我每天晚上回到家里都要收集资料到凌晨1：00甚至2：00，有时实在太累，便直接裹着衣服在床上眯会儿，早上5：30准时起来继续收集客户资料，7：00准时到公司朗读《羊皮卷》！在第四个月的时候，我晚上10：00多走在回家的路上往往是眼泪刷刷往下掉，那时徘徊犹豫过，但那都是瞬间，后来我就做了一个动作——每天晚上在回去的路上大声朗读甚至是嘶吼清晨厉语，那就是：

我们创业的路上充满艰辛

但也有机遇

面对新的一天

我们要全力以赴

满怀珍惜

> 对人宽容对己克制
>
> 对事努力对物珍惜
>
> 积极带来希望
>
> 主动创造机遇
>
> 自信赢得尊重
>
> 热情充满活力
>
> 我是一个积极的人
>
> 我是一个主动的人
>
> 我是一个自信的人
>
> 我是一个充满热情的人
>
> 我现在就积极
>
> 我现在就主动
>
> 我现在十分自信
>
> 我现在充满激情

大晚上的狂吼引得路人像看神经病一样的看我！我就是这样不断地坚定着自己的信念和初衷！

第五个月，在唐老师（当时唐艺桐老师是我的经理）带领到二线城市运作专场的时候，当时我们只有四个伙伴，我一个人在一周之内就帮助 18 家企业 22 人走到了课程现场，我的命运也就随之神奇的发生了改变！如果一个人一次结果好大家很可能会觉得她是幸运，当两次、三次持续结果好，那也就是她的实力。之后，我的业绩持续，也是当时为数不多的通过个人业绩达标获取了当时公司奖励的到从长春到大连、威海、青岛旅游的机会！此次的山东之游也为山东市场的运作奠定了基础！

在 2011 年 8 月到济南后，又掀起了我人生的另一篇章，我通过一个半月的疯狂努力，在 10 月通过公司晋升考核指标，成为一名代经理！青东老师讲过一句话，干部不是培养的，而是提拔的，当把我提拔为代经理的那一刻，我深深感受到压力巨大，我如何能够管理好团队？我做了一个很果

断的决策，在没证明我能力之前，选择沉默！

业绩就是话语权，所以我比之前更加努力，每天晚上都要工作到凌晨才睡觉！当我继续持续业绩的时候，队员纷纷过来请教，经理你是如何做到的？你是如何开发客户的？所以，我认为，所谓管理就是先理好自己，自然而然就实现了管别人！我更多的是身体力行地去践行我所指导的是对的！

2012年4月我通过了公司的考核，正式晋升为经理，同时也开始担任运作淄博市专场的负责人。每次到淄博运作专场，我都整宿整宿睡不着觉，因为我总想把它尽全力做到最好！到外地运作专场的工作量是日常在公司工作量的2~3倍，甚至晚上九十点我们还在打电话！认识我的朋友都知道我的皮肤还算好。"一马平川"，可一到带团队下市场运作专场，就会东一个包，西一个泡的，变成了高低起伏的"丘陵和盆地"；嘴里也是满嘴起泡。我相信，付出就会有回报，不付出一定不会有回报，所以每次专场的回馈会让我们觉得一切都是值得的！

团队每每有新伙伴入职时，她们做自我介绍时就会说：我作为一个新人，以后工作中请大家多多包涵和照顾！这时，我总跟队员分享这样一段话：以老人的身份要求自己，以新人的心态激励自我！什么是老人身份？我之所以能叫老人，就必定为公司贡献我的价值，必须是持续贡献；什么是新人心态？就是绝对不允许自己的行动量和努力程度低于职场上任何一位优秀的伙伴，可能我会加入这个行业一年、两年、三年、四年，但我必须以一个新人的标准和心态要求自己，不是作为新人我们就有更多犯错的机会，而是因为作为新人，我唯一能做的就是要比所有老人都要努力，都要认真，因为他们的结果现在比我好，我唯一能超越他的方式就是要比他更全力以赴！

这四年的时间，青东老师见证了我一步步的成长和蜕变！我个人的信条是：语言代替不了行动，行动才是最响亮的语言！所以，每次青东老师在谈到"头顶着天、脸贴着地"时也会想到我！就这样，通过不到四年的努力，我现在的收入和职位都是同学当中的佼佼者！在不久的将来也会有机会成为筑起影视的股东之一！

如果我当初没有坚定自己最初的选择，没有脚踏实地地一步一个脚印地走，我相信我会和其他同学一样，做一个导游，或者是每半年换一份工作，依然在每家公司的最底层奔走。

德需配位

王尹正

作为创成咨询的创业元老之一，深知责任越大，岗位越高，要求的德就越高，越要修身，我们都是凡人，但我们需要不断努力，向上成长，让自己不断对位自己所在的位置，真正做到德需配位。

三年前，我正处于事业的迷茫期，不知下一步该如何规划自己，此时一个人的出现让我彻底找到了方向，找到了未来的路在哪里。这个人不是别人，他就是我的直接领导——李青东老师。这也许是上天对于我的眷顾，让一个不"平凡"的我幸运地遇到了一个"不平凡"导师。虽然我仅与青东老师有两次的沟通，但已经彻底被青东老师的格局和那颗勇往直前的事业心所征服。

有句话说得好，每一个成功者的背后都有一个故事。是的，青东老师身上的故事足以让我这个同龄人修炼很长时间，老师实实在在做事的风格让我发自内心的佩服，因为在没有遇到老师之前，我一直都认为自己很不错，一直很清高。通过和老师的接触，我的那种目中无人的心态彻底改变了，自己做事情也开始踏实起来，不再变得浮躁，老师的出现彻底改变了我做事的心态。

作为公司的系统运营官之一，我也经常会和老师探讨和规划公司未来的发展思路，共同制定公司的发展战略。我记得伟大领袖毛主席曾经说过一句话——当战略确定下来以后，干部的执行能力将是决定性的关键。作为创成咨询的一名高管，作为老师的核心层成员，我深知自己要为这家公司承担什么责任。作为一名公司的高管，首先要问自己一个问题，你能为这家公司贡献什么力量？你能否为领导开疆辟土独当一面？你是否能传承

公司文化？

在当下时代的企业当中，高层之间、核心层之间进场会出现相互排挤甚至相互抱怨等现象，青东老师却说过这样一句话——核心圈之间是强者之间的相互欣赏而非弱者之间的相互抱怨。在很多企业，很多企业高管错把平台当能力，认为自己在这家公司谁也不如他，老板也说不得他，完全把自己凌驾于公司规则之上。如果你是这样的干部，此刻应该反省，是公司平台造就了你，还是你造就了这个平台？离开这个平台，你可能会是谁？很多干部在课堂上都非常感谢公司给予自己的平台，如果没有这个平台，自己可能啥都不是。在我脑海中，始终铭记一句话——我是一切的根源，凡是向内求。正是这句话一直激励着我。

作为创成的核心高管之一，我会成为公司所有负面能量的终结者，我不允许任何负面从我这里经过！德需配位，在这个位置就必须充满正能量。作为创成的高管，我会成为企业文化坚定的守护者和传播者，每一个新进员工必须认可公司文化，必须背会，必须完全能将公司文化深入到大脑中，落实到行动中，让企业文化不再虚设。

我始终坚信一句话，背不出来的东西永远用不出来。一个高管如果自身都不能传承公司的文化，如何能够服众于所有员工。在与青东老师共事的这几年，我作为一名下属，始终对老师保持敬畏感。我相信传统文化里面讲的上行下效，你是如何对待自己领导的，你的下属会和你一样。其实这几年时间，我与老师沟通的时间不是很多，可以说沟通次数很少，但是我与老师之间并没有任何的矛盾或不理解，反而更加彼此信任对方能够做好，因为自己知道自己需要干什么。

在我的内心深处，一直流淌着创成的文化血液。创成的成功秘诀是：相信。这两个字看似简单，真正做起来并非易事，而就是因为我们创成所有人都坚信这两个字，才会在发展的过程中平稳前进。

德需配位，作为一名高管也好，作为一名员工也好，在什么位置就要具备该位置的德行，让自己称职，让自己的德行匹配岗位，真正为公司发展贡献自己的一份力量，感谢公司，感谢青东老师，感谢创成所有伙伴。

熬得住

王 林

非常喜欢中国一位优秀的企业家冯仑，他曾说过伟大都是熬出来的。正是"干活原本无技巧，能忍自然效率高。人生态度千万种，一个熬字万事销"。"什么是熬？熬是一种直面问题，不逃避的精神。"

职场浪迹整十年，换了多家公司，也自己创业两次，但是纷纷以失败告终，不过在没有任何人给予什么职业规划的前提下，我幸运地一直没有换过行业，一直从事教育培训咨询的相关行业，万幸万幸。

再谈如何走进创成之前，我简单介绍下我的履历：毕业于黑龙江一所非著名大学学习广告学，陪同朋友面试一家香港咨询公司哈尔滨分公司，自己却被吸引并录取，从此踏上了漫漫的培训之路；由于家庭原因又辗转来到济南，走进当时国内一家著名的咨询公司，一做就是两年多，通过学习与历练感觉自己是如此的"优秀"，便拿着结婚家里给的"礼份"钱——我的"第一桶金"开始我的创业，然而现实给我上了一课，用不到半年的时间我就高调地宣布"破产"了。在家人的劝阻下我暂时停止了创业的想法，加入了北京一家咨询公司，做了两年的咨询，所欠债务还清还有剩余，创业的心又蠢蠢欲动。我就是一个喜欢折腾的人。

在我离开北京那家咨询公司的同时，得到5家公司的邀请，或许上天注定我和青东老师的邂逅。一个偶然得不能再偶然的机会，我通过一位朋友的介绍走进了青东老师的讲堂。实战的管理体系、严谨的商业逻辑、踏实的授课风格吸引了我，4个小时的听课，让我受益颇多，我便考虑一个事情：我们可以合作吗？

一次握手，十分钟的交流……之后，我便走进了创成。那么多的机会，那么多的"高人"，我为何偏偏选择了青东老师？我的回答是：不知道。或许是相信，或许是命中注定。

在创成的一年多里，有太多的诱惑，也有太多的坚信与困难。公司发

展初期，没有匹配的人才，市场开拓一度很难打开局面；在新的市场、新的环境，竞争对手恶意诋毁，客户不了解更别谈什么信任，一度陷入困局中。然而，我却没有出现一丝想要放弃的想法，因为我过去就是因为不能正确评估自己，不知天高地厚、好高骛远，所以惨遭失败。我在内心告诫自己：人生没有几个十年，选择了就不要轻易放弃。一个人到底能折腾多久！

记得我"破产"后，在济南南部山区的一个寺院，我的皈依师给我讲了个故事。尽管很老了，但是想想仍然寓意深刻：

某地大旱，族长召集村民挖井，有的家里面劳力多，就挖好几口井，但都没有水。村里只有一个单身汉挖出了水，人们觉得很奇怪，逼着要求说出秘诀。实在没有办法，单身汉就说："真没什么秘诀，就是挖口井就使劲往下挖，挖得比较深而已。"

因缘际遇时，果报自受而已，表象之下，是甚深的因缘。在临沂分公司时，我一直有个信念：当结果还不够好，不要着急，时候未到，最好的总会在不经意间出现。正是我们扎扎实实的建班子、带队伍，稳扎稳打，在不到半年的时间内在当地市场杀出一条血路，并很快在行业内有了小小的口碑，也渐渐得到了客户的认可。真的像老人说的：不经一番寒彻骨，怎得梅花扑鼻香。

提高自身综合能力

孙艺航

在这个高速发展的时代，企业竞争也日趋激烈，企业与企业间的竞争，不只是企业家与企业家的竞争，而是企业家背后的核心团队间的竞争。在一家企业，每个岗位都有着独有的价值和意义，对于一家企业而言，老板定战略、高管做执行、员工做事情，当老板在设定战略目标与思考发展方向时，如果企业高管能级不能与公司发展速度匹配时，会严重制约公司的发展。如何提升自己的能级成为优秀的高管，最基本的一点就是对位。

对位，最直接的说就是在其位，谋其职！既然在这个岗位就应该去创造和发挥最大的价值。

今天作为一名普通员工，你要用优秀员工的标准来要求自己，不断提升与其对位。

今天作为高管，你也一样要用优秀高管的标准来要求自己和提升自己，与其对位。

今天作为青岛创成最年轻的股东和创成集团的技术老师，总结和回想跟随青东老师4年的时间里，从东北到山东，真心感谢青东老师搭建了这样一个平台，让我在这里收获，进而实现自己的价值！接下来，简单和大家分享一下一路走来我的心路历程。

最初从一名普通的电话营销至今，每次晋升意味着需要承担更多的责任，同时又是一次挑战，所以我不断地用更高的标准去要求和提升自己，让自己在这个岗位上发挥和创造最大的价值。我也经常会和我的团队分享，就是人一定要趁年轻多去经历和拼搏，不要在最好的年纪、最该拼搏的年纪选择安逸，你所有的经历都会成为财富。

2013年8月，公司决定开设青岛创成咨询。虽然在青岛我没有任何资源，但是我没有任何犹豫，毅然决然地放弃了济南近两年的资源积累，来到这个陌生的城市开辟新土！当时，我只有一个信念——只要公司需要我，相信我，我就一定全力以赴。

来到青岛之后，创业初期，对于这个陌生的市场，我们遇到了很多困难和艰辛，比如，时间很紧，很多伙伴在公司打地铺；所有的工作都是从零起步，客户不了解我们，每天遭到很多拒绝……所以当团队伙伴们电话量非常低的时候，作为总监我的责任就是每天带动打电话，从上班到下班电话从来没有停过，当业绩不理想时，我的责任就是带头做业绩，给团队信心，那时候团队有很多新伙伴，专业知识、销售能力、业务模式很多都不是很熟悉，我的责任就是辅导他们成长，白天打电话，晚上加班给他们培训到10点甚至更晚。

　　由于工作强度增大，所以导致身体严重透支，经常去医院，胃病很厉害，曾几次吐在职场！当时真的觉得自己身体要坚持不住了，但是作为团队的带头人，在公司创业初期的关键时刻和面对伙伴对我的这份信任，我必须坚持，坚持每天打电话、坚持帮助伙伴服务客户、坚持和伙伴一起成长、坚持一起把青岛公司顶起来，所以就是那样的一种状态，在创业初期的第一年就成为青岛公司年度个人冠军，并且带领团队成为团队冠军。

　　还是那句话在其位谋其职、在这个岗位就应该去承担这个岗位所赋予的责任。因为任何公司任何岗位都不养闲人，你的价值就是你存在的理由！

　　每家企业都有自己独有的文化，在创成有一种文化就是 PK（挑战）的文化。作为一名营销总监不光是做业绩，更重要的是贯彻公司的文化，印象最深刻的一次是 6 月，临沂公司 PK 青岛公司，临沂公司的伙伴们特别优秀，最后 3 天的时间，反超青岛公司近 20 万元的业绩，当时既为兄弟公司高兴，同时又为青岛公司被反超而不甘，作为青岛公司的一位总监，我当时就一个想法——一定助青岛公司夺回冠军，第一天课程结束后，盘点了我所有客户，从 6：00 到晚上的 10：00 电话从没有停过！终于一个潍坊的客户被我的这种状态和我们的产品所吸引，第二天课程结束 4：00 奔赴潍坊，办理完手续回到青岛已经深夜 10：00，那一刻我没有任何疲惫，当我回到职场时，公司所有伙伴都在等我，伙伴们响起的掌声，我知道这不只是青岛公司再次夺冠的喜悦，而是伙伴们再次被这种文化所感染！作为公司的营销总监为应该承担起那份责任，为荣誉，不到最后一刻绝不放弃！

　　一个人的收获永远都是和这个人所创造的价值成正比！想要高收入，就要不断让自己增值！想要更好的发展，就要快速提升自己的能级！

　　不管身处哪个职位，作为企业高管，都应该做到两个字：对位！

后 记
用系统驾驭复杂

在过去，由于思想的误导，很多人认为，管理可以简单化，而忽视了企业管理系统的复杂性。其实，管理是一种驾驭复杂系统的能力，可以使复杂系统朝着预期的方向发展，并且对其行为施加影响，直至实现既定的目标。简而言之，管理就是把控制植入系统中，使系统始终处于控制之下。

那么，什么是简单系统，什么是复杂系统？在简单系统中，通常不会出现重大问题，对其进行的规范、调节和引导比较简短，控制方式也比较直接，指向性很强。而那些真正严重和棘手的问题却被毫不留情地留在了复杂系统中。

任何生物体要想在复杂的系统中生存下来，必须具备学习更高级且富有挑战性的技能和其他知识，至少要具备最低限度的复杂性。如果低于一定的界限，是无法学习到更高级别的能力的；如果想面对市场多品种小批量个性化需求，企业必须具备更复杂的系统。

经验丰富的管理者们并不会对此感到惊讶，为了驾驭它，会使用相应的复杂工具和手段对症下药。当然，有些管理者也乐于采用简单管理的理念，使系统简化。可是这样，就为自己埋下了倒闭的危险，甚至会摧毁系统的本质属性和力量，危及整个系统。很可能这就是很多企业不能适应当今环境而消失的本质原因之一。

如果能把一切事物都保持在简单的范围中，那么管理它们所使用的控制、调节机制也可以相应地简化。但是，简单系统是无法产生高级技能和

系统运营官

能力的。在复杂的环境中，客户越来越挑剔，竞争对手越来越强大，企业只有不断提高自身的应变能力和处理复杂情况的能力，才不会在激烈的竞争中迷失方向。

管理者必须深入地认识这种复杂性！越复杂的系统，其行动的范围也就越大，当企业在面对不断变化的市场走向、客户和供应商，应对竞争对手，应对环境的变动带来的挑战时，也就越能更加柔性应变。著名生物学家、遗传学家卡斯顿·布莱西在《生命之过渡阶段：无目标进化》中曾经说过：情况越复杂，产生的能力等级就越高。也就是说，简单系统中诞生不出高级能力，因为那里根本没有适宜高级能力生长的土壤。

21 世纪的今天，各企业都处于不断的演变中，如果不能进行有效的系统管理、不能实现其存在的目标，企业必然会消失。企业的经营会陷入困境，只是其无法运转的表面想象，其根本原因是管理不当、不能适应复杂性和多样性！要想驾驭这种复杂性和多样性，就要建立一个系统，只有企业进行系统的管理，企业才有可能获得长久的发展，才能有美好的未来！

作者

2015 年 5 月

企业
运营系统工程

运营新势力 → 运营系统班 / 系统运营官 / 全员执行系统 → 打造内部上市公司

运营系统班
Operating system class

主讲嘉宾 **李青东** 老师   企业运营系统建设权威专家   打造内部上市公司创始人
创成咨询创办人   新加坡养居资本董事

运营系统班
——从战略到执行的持续发展系统

模块一：组织战略

    企业的组织战略，决定着企业的方向，凝聚人心的关键作用

成长型企业战略系统的三大迷失：

迷失一：把想法当成战略：大部分企业老板的战略只是想法，而战略系统包括清晰的企业使命、愿景、价值观等等

迷失二：战略没有量化：量化组织战略，找出战略目标实现的关键节点，清晰的企业平台，才能建立强大的吸引人才
    和激发团队的运营系统

迷失三：战略没有传播：员工对公司战略不清楚、不相信或是事不关己，往往形成老板处于兴奋状态而员工却处于麻木状态

制定了美好的目标，没有运营系统，目标就没人关心
做出了完美的决策，没有运营系统，决策就是赌博

课程模块	内容要点
组织战略	定 位：定位已成为战略核心，定位决定企业的战略取舍制定公司战略节奏，创造可持续的竞争优势 运营配衬：运营配衬分析原理，根据战略定位建立运营配衬 组织机构：设计企业的组织机构图及战区图并制定出企业3-5年战略规划规划企业未来五年组织发展，给员工以愿景和激励 的作用，规划明确 愿 景：确定企业愿景，企业将走向何方搭建企业愿景平台，进行商业模式创新，实现突破性增长 使 命：用使命传播企业存在的终极价值 价值观：梳理核心价值观，建立传播体系，凝聚人心

模块二：薪酬系统

    合理的分配机制，自动自发的激活人才

成长型企业薪酬分配系统的三大弊端：

弊端一：薪酬设计天花板：薪酬设计抬头见顶，员工缺乏暴富的机会，团队无法激活

弊端二：薪酬设计源基本思想：薪酬设计往往以利润为基础，忽视薪酬是一种有效的动力杠杆或工具

弊端三：忽略薪酬激励作用：薪酬设计必须满足员工基础需求：财富自由、事业发展乃至更高的精神追求

课程模块	内容要点
薪酬系统	薪酬系统及薪酬结构：如何让企业薪酬更富竞争力，吸引及留住人才 薪酬设计误区：认识薪酬设计误区，学会薪酬设计的原理 简单分配模式：通过六种薪酬模式，快速激活行政、后勤、财务、采购等职能部门员工 营销体系薪酬：设计能充分激发营销体系动力的薪酬机制，驱动营销团队挑战业绩极限 职能薪酬体系：明确各职能岗位薪酬结构、方式 核心团队薪酬：设计员工的财富管道，激活骨干团队，造就大批的忠诚骨干 创业股权激励：股权激励三大法则，使企业实现快速的规模扩张和利润引爆 核算体系：构建利润中心，建立核算体系

运营系统班
Operating system class

Chuang Cheng

模块三：运营管控系统

管控机制系统，实现自动执行，达到无为而治

企业机制创新是企业最大的创新，好的机制使坏人变好，坏的机制使好人变坏。

课程模块	内容要点
运营管控系统	岗位量化系统： 建立企业岗位的岗位量化指标库，让各岗位的量化考核有据可查 制定科学严谨的岗位量化制度，让考核能顺利实施 不同类型岗位的量化考核的要点 岗位量化与薪酬

模块四：积分管理模式

完善积分系统，量化掌控管理，机制激活，激活团队

企业机制创新是企业最大的创新，好的机制使坏人变好，坏的机制使好人变坏。

积分管理模式 | 引导注意力，每天发现员工的优点并即时激励，传递正能量
积分管理模式 | 是打造团队文化，训练员工的价值观和做事方式的高效运营管理工具
积分管理模式 | 员工价值观评价系统，员工业绩好发薪酬，员工行为好奖励积分

课程模块	内容要点	
积分管理原理	一次积分，终身使用 简单积分有效管理	
一、积分管理操作系统： 1、建立积分池 2、打造奖金池 3、积分分红 4、积分管理COO运营系统 二、积分管理操作流程 三、积分管理操作注意事项	建立积分标准的四大入口	
	奖金池—积分管理的落地杠杆 奖金池与积分池捆绑的五大通路	
	构建利润中心，建立核算体系积分分红的核心操作策略	
	积分管理第三方平台的设立 COO体系的薪酬设定 COO体系的工作分析与考核	
积分管理软件操作使用 软件与积分管理的结合	软件的使用说明及操作流程 软件与积分使用计划的关联	积分管理软件，将一个既简单又复杂的管理系统变得明了简单，软件实现了对积分自动分类，自动汇总，自动分阶段，自动排名次。

模块五：OPP招聘系统

OPP招聘系统，搭建人才梯队，快速实现复制扩张
建立科学选拔的标准；了解关键人才价值需求；批量引进人才的机制

课程模块	内容要点
OPP招聘系统	OPP招聘系统：人才招聘三部曲 OPP招聘演说：OPP招聘演说方案 关键人才引进：关键人才招聘方案 人才测评系统：了解人才价值需求

系统运营官
System operating officer

打造激活组织系统的核心圈

凭什么凝聚人心？　　领导力：高管运营气质修炼

拿什么统一思想？　　文化力：文化渗透与传播

用什么激活人才？　　机制力：机制设计与运营

该怎样执行战略？　　管控力：防火墙与运营管控

凭什么复制扩张？　　系统力：系统提炼与复制

课程模块	内容要点
领导力	高管十三项修炼
文化力	文化提炼 文化渗透 文化传播 完成从梦想、历程、伦理、立场、商业文化构建
机制力	生发机制 改善系统
管控力	月度计划体系 质询会体系 第三方管控体系 公开平台 预算体系
系统力	系统提炼与系统复制

全员执行系统
Full implementation of the system

团队成长　企业重生

全员执行系统：帮助企业统一团队的思想，植入机制的基因和理念

全员执行系统：帮助参课学员训练一套制度化的习惯以及做事方式，在训练中的结合实操

全员执行系统：帮助每一位学员将理论更好的转化为工具

模块一 执行心态修炼	执行48字真经		
模块二 154企业文化 执行模式	1个业绩	业绩	
	5大系统	分享系统——分享创造裂变 沟通反馈系统——沟通创造透明 改善系统——改善创造价值 PK排名——PK创造对抗 传播系统——传播创造尊重	
	4大机制	环境机制·环境决定行为 PK机制·对抗决定效率 对抗机制·敌人决定动力 重复机制··重复决定能力	
模块三 商业基本法	结果思维 客户价值 商业人格 100%责任 修身齐家		
模块四 5K绩效管控 模式	K1结果设定	员工与企业的关系是商业交换关系 外包思维	员工靠结果生存，企业靠结果盈利 结果的评价标准在于客户
	K2责任锁定	责任是有产权的 领导者的错误逻辑 员工的错误逻辑	责任稀释定律 重要的事=大家做=人人做 大家做=别人做=我不做
	K3节点检查	人们只会做你检查的，不会做你希望的 越相信，越检查；越检查，越相信	企业绩效跟踪的廉政公署 检查的基本入口：我不相信，节点控制
	K4主动汇报	做一个让人放心的人	汇报产生相信
	K5即时激励	决定员工动力的不是薪酬 而是内心的成就感 好报才有好人 即时奖励是要点	薪酬解决社会公平问题， 激励才能解决动力问题 激励做的方向不对， 就会产生负面效果 开放明确即时证书仪式
模块五 管理工具	YCYA指令跟踪系统 日结果表 周计划表 月度计划表 节点控制表		
附：	改进措施跟踪表		

打造内部上市公司
Listed companies to build internal

企业自动生钱的持续发展系统

中国商业环境发展到今天，我们迎来了中国动态经济、互联网时代，许多思维逻辑需要颠倒过来，在工业时代更多的是"战略决定组织、组织决定人才"但现在则更需要"愿景驱动人才，人才驱动战略"很多企业都找到了相同的方法：

华为硬朗的提出了"全民持股计划"

海尔提出了"企业平台化、员工创客化"

万科提出了"事业合伙人打造"

所以今天的商业市场里，"职业经理人时代已死，事业合伙人时代"已经到来，2015年，创成咨询历时两年研发，一年封测，推出"打造内部上市公司"，助力中国企业开创新的股权时代，下一个十年将是股权营销的十年，用股权打造更多的合伙人，实现利益共同体、事业共同体、命运共同体。

课程模块	内容要点
公司顶层设计	股权布局 防火墙构建 股权控制权
持股平台打造	企业内部持股计划 构建多层次持股平台 期权池、期股池设计 员工储蓄购股计划
股权"六脉神剑"	股——身股、期权、期股、实股 人——岗位价值、历史贡献、关联程度 价——PE、PS、PB、内部股价计算方式 量——总量、个量 时——时机、时段 规——考核、调整、退出

Chuang Cheng

创成咨询运营通
Generative operation through consultation

1.积分管理模式，帮助企业解决金钱不能解决的问题

积分管理模式，是在绩效管理的基础上，对一个人的能力、工作

2.积分管理模式，更有效的完善企业的激励制度

美国哈佛大学的专家研究发现：在缺乏激励的环境中,员工的潜力值只发挥了20-30%，甚至更糟糕的结果；但在竞争激烈的环境中，员工能发挥出80-90%的潜力。

3.积分管理模式，自我管理的复兴

你可以买到一个人的时间，你可以雇一个人到固定时间，你可以雇一个人到固定的工作职位，你可以买到按时或按日计算的技术操作，但是，你用金钱雇不到热情，顾不到创造性，更雇不到全身心的投入。每个人天生就是玩家，而不是小兵，人天生就是自主的个体，而不是机器人。